精益经营：走进智能互联时代

毛清华　编著

机械工业出版社

本书以翔实的实践案例从蓝图、路线图、方法论等三个方面，系统地阐述了智能互联时代的精益经营。蓝图——精益经营体系，从现场、流程、系统等三个层面，系统描述精益经营的理念、原则和方法；路线图——精益经营之道，用转型升级、企业变革的思维，全面阐述从精益现场、精益工厂、精益价值链到精益模式的建设过程；方法论——精益企业实践，以业务管理、机制建设、能力培养等三条主线思路，结合企业精益化、数字化、智能化的时代实践，详细讲述精益企业的成长故事。

本书适合制造业经营管理人员阅读参考。

图书在版编目（CIP）数据

精益经营：走进智能互联时代／毛清华编著. —2版. —北京：机械工业出版社，2020.1
ISBN 978-7-111-64280-0

Ⅰ.①精… Ⅱ.①毛… Ⅲ.①汽车企业-工业企业管理 Ⅳ.①F407.471.6

中国版本图书馆 CIP 数据核字（2019）第 269824 号

机械工业出版社（北京市百万庄大街22号　邮政编码100037）
策划编辑：赵海青　责任编辑：赵海青　於　薇
责任校对：王　欣　责任印制：孙　炜
保定市中画美凯印刷有限公司印刷

2020年1月第2版第1次印刷
169mm×239mm・16.25印张・1插页・212千字
标准书号：ISBN 978-7-111-64280-0
定价：69.00元

电话服务	网络服务
客服电话：010-88361066	机 工 官 网：www.cmpbook.com
010-88379833	机 工 官 博：weibo.com/cmp1952
010-68326294	金　书　网：www.golden-book.com
封底无防伪标均为盗版	机工教育服务网：www.cmpedu.com

前言
Preface

本书为我近20年来,在上汽通用五菱、燕京啤酒、东风小康、柳工集团、宗申集团、北汽银翔、奇瑞汽车等企业长期从事精益生产与信息化工作、咨询的观察和思考。

2008年,我曾经写过一本《精益经营:比对手做得更好的法则》。经过10年的实践,我越来越感觉比对手做得更好已经不能完全包含企业管理实践了。智能互联这一时代性变革,正深刻改变着现代制造企业的制造方式。

其一,创新超越效率正在成为企业发展的时代主题,只讲好、不求新将难以适应客户需求。

其二,去中心化正在解构传统的组织和行为方式。工业生产颠覆农耕生产建立的中心化,现在又被智能互联颠覆了。

其三,管理与技术之间的渗透和融合变得越来越普遍。许多原来需要人的技艺变成了机器学习,许多原来完全靠直觉所做的决策现在可以用大数据、智能系统帮助决策。

这些都是传统精益经营未曾遇到过的,其中不少实践正在颠覆传统精益经营的认识。那是不是从此就告别精益经营了呢?谭建荣院士在"第十五届中国制造业国际论坛"上的演讲也许回答了这个问题:精益生产既是智能制造的基础,又是智能制造的目标。我们搞智能制造的小目标就是使生产更精益。

我国经济正处在由大到强的关键时期，身处变革时代的企业，非常需要新的精益理论来更好地指导实践。鉴于此，我重写了《精益经营》一书，并将书名更改为《精益经营：走进智能互联时代》，以彰显精益经营的时代内涵。

本书共分为三个部分：

第一部分为精益经营的发展历程，通过介绍不同时期的生产方式，引导读者用历史的眼光思考管理，理解精益经营的基本理念，树立理论联系实际的辩证思维。

第二部分是介绍精益经营的理论体系，以流畅制造、制造质量、全员参与、标准化、信息化、持续改进这六项原则，阐述精益经营的原则、要素和方法。

第三部分讲精益经营的实践方法，从精益现场、精益工厂、精益价值链、精益模式四个阶段，以及业务管理、机制建设、能力培养三条主线出发，结合实践案例讲述如何推动企业实现精益经营变革。

本书是我对智能互联时代经营管理的一点思考。由于能力所限，书中仍存在问题和不足，有不当之处，敬请谅解。

毛清华

扫码阅读及在线互动交流

为增强本书的可读性,作者将多年的培训教案及咨询案例整理,作为配套阅读材料,上传到"路创工作群"小程序,并将其生成二维码,放置于书中的相应位置。

读者可在阅读本书前,用微信扫描以下二维码,下载微信小程序。在后续阅读中,可使用小程序的扫一扫功能扫描书中二维码进行延伸阅读。

如希望进行网络交流互动,也欢迎大家加入本书 QQ 群(329012273)交流和探讨。

目录
Contents

前言

第一章 历史：从作坊生产到精益经营 / 001

第一节 单件生产 / 003
一、单件小批生产的历史贡献 / 004
二、单件小批生产的借鉴价值 / 005

第二节 大量生产 / 006
一、造就规模经济神话的福特T型车 / 006
二、开启范围经济大门的事业部制 / 008

第三节 精益生产 / 009
一、浴火重生的丰田生产方式 / 009
二、开创速度经济车道的精益生产 / 013

第四节 智能互联时代 / 016
一、从中心到平台 / 016
二、从产业链到企业群 / 018
三、互联一切 / 019
四、人工智能 / 020

第五节 精益经营 / 021

一、企业转型升级，精益经营的时代课题 / 021

二、跨入创新经济时代的精益经营 / 023

三、从理念到原则的精益经营体系 / 024

第二章 蓝图：精益经营六项原则 / 027

第一节 流畅制造 / 028

一、流畅制造基本理念 / 028

二、流畅制造的核心要素 / 033

三、流畅制造的两个台阶 / 045

第二节 制造质量 / 054

一、制造质量基本理念 / 054

二、制造质量的关键要素 / 057

三、制造质量的三个台阶 / 076

第三节 全员参与 / 084

一、全员参与基本理念 / 084

二、全员参与的关键要素 / 086

三、全员参与三部曲 / 102

第四节 标准化 / 110

一、标准化基本理念 / 110

二、标准化的关键要素 / 112

第五节　信息化 / 120

一、信息化基本理念 / 120

二、信息化的关键要素 / 126

三、信息化建设 / 132

第六节　持续改进 / 142

一、持续改进基本理念 / 142

二、持续改进的关键要素 / 145

第三章　路线图：精益经营之道 / 151

第一节　我们将何去何从 / 152

一、重新审视企业管理 / 152

二、从原始到精益 / 155

三、回归精益经营的本质 / 159

第二节　企业管理如何化蛹为蝶 / 165

一、企业管理变革 / 166

二、转型升级实践 / 172

第三节　三条主线方法论 / 182

一、业务管理 / 183

二、机制建设 / 186

三、能力培养 / 196

第四节 四个阶段实践路程 / 200

一、精益现场 / 200

二、精益工厂 / 204

三、精益价值链 / 206

四、精益模式 / 223

第五节 长袖善舞尽在项目组织与运作 / 231

一、项目组织 / 231

二、项目运作 / 234

三、用耐心与毅力磨砺精益经营之剑 / 239

附录 / 240

附录A 面向五大目标的现场评估标准（示例）/ 240

附录B 面向六项原则的工厂评估标准（示例）/ 243

第一章
历史：从作坊生产到精益经营

管理更多时候并不是一个理论问题，而是一个实践问题。企业大量应用的管理理念和方法并不是凭空创造出来的，而是大量的企业实践不断演化的产物，也将随着实践继续演化下去。因此，了解工业管理的发展历程将有助于我们更好地理解管理内涵，并结合企业实际选择适合自己的管理方法。

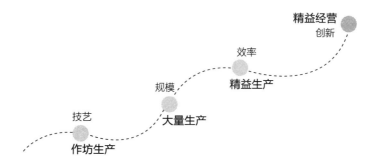

人类从手工打制第一件石器开始，就开始了劳动生产。

人们在发明机器之前的漫长岁月里，都是进行手工作坊生产，我们称之为手工业。看看三星堆遗址中展现的那么多早期文明时期精致的玉器和青铜器，再看看故宫的古代建筑和工艺品，我们的祖先凭借原始的手工作业，创造了如此伟大的文明，我们不得不感叹先人们的勤劳智慧。

进入工业时代，机器化大生产大大拓展了人类体能的局限。农业时代那种作坊式生产显然无法适应机器生产的要求了，人们在实践中开始探索新的生产方式，以满足成批量、规模化生产的需要，先后诞生了大量生产方式和精益生产方式。从此，社会生产由勤劳走向效率。

进入互联时代,网络化、智能化大大延伸了人类智能的空间。人们开始从轰鸣的机器旁解放出来,开始更加自由地创造。于是,人们开始超越规模生产方式,进入精益经营方式。由此,工业生产将逐步由效率走向创新。

站在互联时代的新起点上,我们完全有理由相信,精益经营方式将创造比过去的生产方式更加伟大的成就,这一点我们如何估计都不过分。我们现在要做的,就是以饱满的热情拥抱这个激动人心的互联时代。

LCA50000000000000491
精益经营概论

第一节　单件生产

人们用勤劳的汗水，凭着作坊式的手工生产，创造了许多精湛的技艺和产品，奠定了现代工业的根基。

在单件小批生产这种生产方式下，迎合客户进行专门设计和生产是很容易做到的，因为它生产的产品更像一件艺术品——没有两件是一样的。

长久以来，生产都是以手工单件生产为主，这种生产方式现在在偏远的农村地区还可以找到。它采用的设备、工具都非常简单，并且都是通用设备。比如在传统的铁匠铺，一把斧头、一个砧子就可以闹革命。尽管装备简单，但是铁匠铺里的工匠们拥有非常精湛的技艺，可以根据客户的需求随意更改。1894年，英国的一位富有的议员伊夫林·亨利·埃利斯购买了一辆轿车，这辆完全是根据他的意愿定制的。在这种生产方式下，迎合客户进行专门设计和生产是很容易做到的，因为它生产的产品更像一件艺术品——没有两件是一样的。但是，这种生产方式效率低下，而且质量没有保障，价格也非常昂贵。这样的产品则完全是富有者的奢侈品，普通百姓是无力承受的。

▲（单件生产：铁匠铺）

这种生产方式在工业化初期非常盛行，主要因为所需管理简单。那时的工厂大多很小，普遍采用单间生产方式，通常只有几十个人，很多工人本人就是业主，没有明确的分工，生产也很分散，不需要严密的生产组织和管理沟通。同时，这种没有多少规范的产品制造也能够较好地迎合客户的个性化需求，因为单件生产方式下变更产品是一件很容易的事情。

一、单件小批生产的历史贡献

单件生产方式在工业化初期，因为其较低的工业化门槛，催生了一大批从手工业转化而来的工厂。这些规模小和数量庞大的工厂在竞争中快速成长，很快培育了一批批适应工业发展的新兴产业，大量产业的聚集和分化，逐步形成工业经济发展所必需的工业体系。这是单件生产做出的巨大历史贡献。

由于单件生产效率低下的固有弱点，单件生产越来越不适应工业发展的要求。随着市场需求的成长和工业规模的发展，这种高度依赖少数人的工业生产越来越力不从心，必须将工厂从少数人员的协作转变为大量人员的协作，从而满足规模和效率的要求。

从少数人员协作转变为大量人员的协作，依靠增加每个人工作内容和协作方式的复杂性显然不科学，单件生产对个人的要求已经很高。实现大量人员协作的办法就是将复杂的工作进行分解，这就从单件小批生产发展到了专业分工。

分工带来的一个新问题就是如何有效协调经分解后的工作使之符合整体的要求。这个新问题实质就是现代企业管理源头，逐渐地，工业生产形成专门的管理队伍，并诞生了新兴的学科——企业管理。

二、单件小批生产的借鉴价值

工业社会发展到今天,原始的单件生产已经基本淘汰。但是,单件小批生产的一些宝贵精神仍然对企业管理具有借鉴价值,最突出的有以下两点:

其一,对机会市场敏锐观察。单件生产企业往往直接诞生于客户需求。在发展前景不明朗的新兴市场,往往是他们用敏锐的眼光发现市场的先机,并通过自身的努力创新需求并发展壮大。

其二,充分尊重客户需求,单件生产企业虽然规模不大,但可以充分利用自身条件贴近需求,灵活应变的能力,最大限度地满足客户。这往往是企业做大后容易丧失的品质。

当代企业当然不能重复当年的单件小批生产,但是单价小批生产的许多特性仍然在工业企业中得到应用。如:在航天工业、装备制造业中,产量小,需求复杂;在桥梁缆索、模具等工程产品中,采用定制化设计制造,每个项目各不相同。这些都包含了单件小批生产灵活的特点。

第二节　大量生产

大量生产方式开启了一个全新的工业时代。福特公司凭借大量生产让汽车走进寻常百姓家，松下公司凭借大量生产将电器变得像日用品一样便宜。

大量生产是工业发展史上的一次重大变革，它标志着现代工业的真正开始，并以无与伦比的创造力重塑了一个全新的时代。

一、造就规模经济神话的福特 T 型车

现在看来，没有批量几乎不能称为工业。但在当时，大量生产却经历了一段艰难的探索过程。首先，要实现批量生产，就必须让所有的零件能够始终如一，而且相互连接非常方便。这就是所谓的零件互换性。

为了达到互换性，福特规定每个零件都要采用统一的计量系统。由于这一项重要的工艺革新，使福特公司的生产效率有了大幅提升。在福特公司的标志性产品 T 型车获得完全的互换性前后，福特公司一名装配工的平均工作周期由 514 分钟下降到 2.3 分钟。

随着生产规模的扩大，工厂变得越来越繁忙。看着工厂里穿梭不断的人流，福特又想：工人从一个装配工位走到另一个工位耽误了不少时间，也造成了工作的混乱。那是不是可以反过来，车走人不走？1913 年，福特公司在底特律海兰公园新厂房里实践了他的又一个创举，建设了世界上的第一条流水线。流水线的实现，又使工人的工作周期从 2.3 分钟缩短为 1.9 分钟。

零件互换性和流水线的出现，为大量生产方式奠定了坚实的基础，同时也带动了劳动力、组织结构、产品开发、生产装备等多领域的巨大变革。与

大量生产相适应，组织实行最大限度分工，工厂采用非熟练或半熟练的工人，而且几乎不需要沟通，工人容易替换。1915年的一次调查表明，福特海兰公园工厂的工人所用语言达50多种，多数人是直接从农庄招工来的。当然，分工同时带来了组织的分化，工厂成立了各种各样的职能部门，出现了专业的设计人员和专门的管理人员。根据大量生产需要，生产装备采用高效率的专用设备，产品型号单一，生产线固定。与单件生产相比，产量高、效率高、成本低。

由于在大量生产方式上处于领先地位，福特公司很快将竞争对手远远甩在了后面。到20世纪20年代初，福特单一车型的最高产量达到200万辆，市场占有率超过40%。同时，由于经验曲线的作用，福特公司的成本随着产量的增加快速下降，1908年，福特T型车的价格是850美元，1916年降到了360美元。

▲（大量生产方式：福特T型车生产线）

在大量生产方式变革的推动下，美国企业实践中出现一个关注管理的潮流：一大批工程师们致力于管理问题研究，涌现出一批工程师出身的杰出管理学家。代表人物有：弗雷德里克·W. 泰罗 (Frederick W. Taylor)、弗兰克·吉尔布雷斯 (Frank Gilbreth) 以及亨利·甘特 (Henry L. Gantt) 等。他们在"劳动分工"这一基本原则的基础上，将科学管理理论发展出了"作业方法和作业环境标准化"等原则，这些原则在1913年福特公司的T型车装配线上得到了卓有成效的应用。

二、开启范围经济大门的事业部制

在福特公司的席卷之势下,其竞争对手几乎被逼入绝境。通用汽车公司的经营就曾一度跌入低谷,危难之际,阿尔福莱德·斯隆(Alfred Sloan)出任通用汽车公司总裁。这位天才般的管理者敏锐地看到,福特公司奉行的单一品种原则在带来成本优势的同时,由于缺乏与大量生产方式相适应的包括设计、生产和销售系统在内的组织和管理体制,而将许多客户拒之门外。当汽车不再是奢侈品的时候,消费需求开始走向多样化,对于汽车的消费"每个人的财力和每个人的目的"均有所不同,有人只是将汽车作为代步工具,有人需要利用汽车显示自己的身份和地位,有人则要表现自己的个性。为了满足日益多样化的市场需求,斯隆把通用汽车公司的产品按照售价从低到高分为由雪佛兰到凯迪拉克等五个车型系列,并据此成立了相对独立的产品-市场、以利润为中心的事业部:5个轿车事业部和零部件制造事业部。斯隆和公司的高层决策部门主要进行战略决策,要求每个事业部经常且定期地对销量、市场占有率、库存及盈亏等情况做出详细报告,但不可干涉事业部的日常经营管理。斯隆的创造性思想将规模经济与范围经济融合起来,解决了为降低制造成本而要求产品标准化与千差万别的用户要求车型多样化之间的矛盾。他将许多机械部件(如泵和发动机)的生产计划在通用汽车公司的整个产品范围内都统一起来,生产提供给多种车型;同时不同车型外观不同,装配不同的部件从而产生功能差别,以满足不同用户的需求。

福特和斯隆共同开创的大量生产方式革命,让美国的汽车公司在世界的汽车工业称霸。在汽车工业取得大量生产方式成功后,美国几乎所有其他工业公司也采用了大量生产方式,并且逐渐普及至世界各国。

第三节　精益生产

> 今天，我们能够体验购买的快乐，享受如此富有个性的现代工业产品。我们不能不感谢精益生产，是它让企业从自我中心转变为客户中心，是它让企业挖掘每一份资源，实现自身价值。

1955年，大量生产方式在美国进入全盛期，随后开始一路下滑。由于欧洲大量生产方式的兴起，美国的竞争优势不断丧失。同时，随着物质的丰富、人们的生活水平不断提高，对美国的许多企业来说，大量生产方式的弊端开始表现出来。应该说，作为大量生产方式的先驱者，美国应有更多的机会和能力实现精益生产，但历史偏偏就是喜欢与人开玩笑，美国却在大量生产方式上越走越远。原因很简单，有谁会质疑一个效益很好的企业的管理体系呢？又有谁会冒天下之大不韪，用一种未知的管理方式去改造一家效益不错的企业呢？

一、浴火重生的丰田生产方式

第二次世界大战后，日本的工业基础倒退了几十年，工业基础薄弱，技术水平落后，产品质量也非常差。在20世纪50年代，日本货甚至成了假冒伪劣的代名词。同时，日本是一个岛国，资源十分匮乏。而大量生产方式要求有大量专业的生产设备，但如此昂贵的生产系统，在战后的日本简直是不可想象的。

现实告诉日本人，日本不能按美国的方式发展企业，要想振兴国民经济，就必须在有效利用每一份资源的基础上努力提升质量，也就是要让质量提升和资源节约统一起来。

当时的丰田公司规模还太小——经过13年的努力,到1950年丰田公司累计才生产了2685辆轿车,而当时福特公司的鲁奇厂一天就要生产7000辆汽车。这样一看,以丰田公司当时的生产规模,是不可能与福特公司争夺同一个市场的。因此,丰田公司只能在对手根本看不上的市场缝隙中生存。但是,这样的市场需求量很低,而且很不稳定,这就迫使丰田公司必须提供多样化的品种,并要适时、适量地满足市场。

▲（20世纪60年代丰田汽车生产线）

1950年春,丰田英二到底特律的福特鲁奇厂进行了3个月的考察,他仔细考察了这个庞大制造厂的每一个细微之处,发现福特用一组压床来专门生产某一种特定的零件。这样一来,制造车身的冲压设备就需要好几百台。由于对数量的片面追求,鲁奇厂忽视由于检修或待料等造成停工,由于产品质量问题而返修或再生产,造成半成品和成品库存积压等现象,产品转型缓慢、分工过细。这所有的一切,对于小小的丰田公司而言,都是致命的。回到名古屋后,丰田英二和大野耐一一起分析并得出结论:大量生产方式不适用于日本。

为适应狭窄的市场,大野耐一创立了著名的"适时生产"系统（Just in Time,JIT）,即根据市场的拉动,只生产市场需要的产品。同时,在它的整个生产/供应链上贯彻拉动的原则,只补充已消耗的物品。这与大量生产方式的计划推动完全不同,极大程度地减少了库存,实现了快速应对市场、快速产品更换等一系列大量生产方式所无法做到的改变。

由于规模与范围经济，大规模生产体系将成本一降再降。通过数量获得成本优势，确实是一个很不错的办法，但以丰田公司当年的市场份额，这样做几乎没有获胜的希望。残酷的现实迫使丰田公司另辟蹊径，结果探索出了一条全新的质量成本新思路。大野耐一认为，大量生产方式存在很多 muda[一]。过量生产的浪费、过度库存的浪费、不合理运输的浪费、纠正错误的浪费、过度加工的浪费、多余动作的浪费、等待的浪费[二]等，这些都是不增值的，客户不会愿意为这些浪费付款。如果能够消除这些浪费，产品的成本就可以降得很低。

为此，丰田公司邀请戴明[三]指导，并积极实践戴明倡导的 PDCA 循环[四]（这在后来被称为"戴明环"）和统计质量管理思想。通过贯彻预防的观念，使产品质量在制造过程中得到保障，而不是像大量生产方式那样，通过检验和返修来控制质量。为了实践这种管理哲学，丰田公司充分发挥小组团队的作用，并且创造性地发明了暗灯（ANDON）系统。在丰田公司的每个岗位上都有让生产线停止的开关，当员工发现问题时，就按下这个开关来提醒班组长和团队成员，班组长就会很快到达暗灯的地方，与员工一起解决问题，以确保问题不流到下道工序[五]。如果问题比较严重，相关的支持人员也会很快到达现场，直到问题解决后才重新启动流水线。这在大量生产方式中是不可思议的，怎么能让整条生产线停下来，让所有员工等待一个工序去解

[一] Muda 是一个日语词汇，专指消耗了资源而不创造价值的一切人类活动。
[二] 大野耐一先生提出的著名的"七种浪费"。
[三] Edwards Derning，美国人，世界著名的质量管理专家。
[四] 由美国质量管理专家休哈特博士首次提出，田戴明博士采纳、宣传，由此得到普及，所以又称"戴明环"。PDCA 是 Plan（计划），Do（执行），Check（检查）和 Act（处理）的缩写。
[五] 现代意义上的暗灯系统已经发展得非常先进了，但原理是一致的。

第一章　历史：从作坊生产到精益经营

决问题呢？而事实上，这只是表面上浪费了时间，却减少了出问题后的返修时间，问题也能被及时发现，产品质量因而得到提高；同时，暗灯系统还充分调动了全员的参与，锻炼了员工的技能，提高了小组的团队合作精神。随着小组解决问题能力的增强，稳定下来的生产线实际停线时间很少。可是在大量生产方式中却经常会因为机器或材料问题而不得不停线。

当然，对于庞大的汽车制造体系而言，仅仅是制造过程的改变，还不足以完全展现其巨大的能量。丰田公司将这些思想进一步加以延伸和拓展。

与大量生产方式中对立的供应商关系不同，丰田公司建立起一套互利的供方关系。丰田公司利用自身的管理、技术等优势，帮助供应商进行改进，共同分析成本，共享改进的收益。这样，所有供应商都能够按照丰田的生产方式组织生产，与丰田公司保持一致。因此，丰田公司供应商的供货频率⊖、供应链的库存水平，以及应变能力都相当高。同时，与大量生产方式纵向一体化的生产体系不同，在生产一辆轿车所需的全部材料、设备和制成品成本中，丰田公司自身只占27%。因此，丰田公司只需要3.7万名员工就能每年生产400万辆汽车，而通用汽车公司的自制部分占总成本的70%，年产汽车800万辆，却需雇员85万名。由于供应体系庞大，丰田公司将供应商分为多级，这样，只有不到300家⊜一级供应商对丰田公司按模块化、大总成供货。供应商数量不多，更便于进行评估与改进，以及长期稳定地协作，所需采购人员也大大减少⊜。在产品开发中，丰田公司也尽可能地利用这些协作厂的资源，丰田采用主查（Shusa）⑲系统。他领导一个由

⊖ 1982年的数据表明，日本的协作厂能够做到52%按日交货，31%按小时交货；而直到1988年，美国只有10%的协作厂能够按日或按小时交货。
⊜ 采用大量生产方式的欧美汽车厂商的供应商一般为1000~2500家。
⊜ 1987年，通用公司的零件采购部门有6000人，而丰田公司只有337人。
⑲ 主查即为小组负责人，其任务就是进行新产品的设计和工艺准备，并使之投产。在日本的最佳工厂中，主查掌握着大权，这也许是公司里最令人羡慕的职位。

各部门和协作厂参与的开发团队。在主查系统的管理下，大量的设计任务向供应商转移[1]，并且可以做到并行开发。这样，丰田公司就可以用比较小的投入，在很短的时间内开发出一个新产品。

在用户关系上，丰田公司也与大量生产方式不同。首先，丰田公司营销人员的组织都是以小组为单位，小组作为一个集体统一计酬，小组成员在用户提出具体问题后共同讨论，而不像西方营销人员那样见到顾客就一哄而上。首先，小组成员在被派往经销点售车前，都要在丰田公司自己的大学中接受产品、维修、服务、销售等方面的知识，因而不会出现销售员在展示V6发动机的汽车前为四缸发动机的经济性争辩。其次，丰田公司的营销非常重视对客户品牌忠诚度的培养。如果客户购买了一辆花冠车，该客户就成为花冠家族中的一员，销售人员就会经常打电话沟通，并为客户解决汽车使用中的问题。最后，丰田公司采用订单销售方式，展场中除了三四台展车以外看不到别的汽车，从而减少了场地和库存积压；在客户根据自己的需求确定订单后，工厂会在十天内将车生产出来并直接送到客户家中。这种方式当然得益于精益生产方式带来的比较短的制造周期。

二、开创速度经济车道的精益生产

丰田生产方式在20世纪60年代的日本开始进入收获期。日本企业已经基本掌握了丰田生产方式的精神，并利用它培育出了日本企业强大的竞争能力。1962年，日本汽车在美国的市场占有率接近4%，但是美国底特律的三大汽车公司完全不把它放在眼里；1967年，日本汽车在美国的市场

---

[1] 日本的精益生产厂商一般只对所生产轿车中30%的零件进行详细设计，其余则由协作厂商完成。相比之下，在20世纪80年代初期，美国采用大量生产方式的厂商要对81%的零件进行详细设计。

占有率接近10%，这样的威胁也未曾被正视；1974年，日本汽车在美国汽车市场的占有率接近15%，三大汽车公司还是悠然自在；直到20世纪80年代初，日本汽车占到美国市场的21.3%时，美国三大汽车公司才惊觉自己陷入了空前的经营危机。可是，日本汽车已经深入美国市场腹地，美国汽车工业就在这个煮青蛙的法则中节节败退。1989年，日本汽车在美国汽车市场的占有率一路攀升至30%。

好在美国经济的神经还没有在养尊处优中完全丧失警觉。在日本公司强大的竞争力面前，美国人终于明白自己全然无法与日本公司开拓的一整套新思想和新方法竞争。

1985年初，由麻省理工学院发起成立了一个工业部门-政府-大学共同探索的组织——国际汽车计划（International Motor Vehicle Program, IMVP），旨在全面解读丰田公司首创的生产方式。历经5年的努力，在探索和对比不同生产方式的基础上，IMVP出具了116篇专题报告，将丰田生产方式总结为精益生产方式，并由IMVP的三位领导人共同出版了《改变世界的机器》一书。

精益生产方式是大量生产方式的发展，本质上是速度经济。精益生产继承了大量生产方式的基本原则，同时避免了大量生产方式因片面追求数量而造成的大量浪费和对市场的迟钝反应，从而能够以更少的资源、更快的响应速度和更优的产品品质为客户创造价值。

通用弗雷明翰总装厂与丰田高冈总装厂指标对比（1986年）⊖，见表1-1。

⊖ 每车总装工时为工厂总工时除以生产总车数；修正后的每车总装工时是按标准活动和产品特点进行修正过的；每车占总装面积为每年每车占平方英尺（1平方英尺约为0.028平方米）数，并按车子尺寸大小修正过；库存是主要零件的大致平均数。

表1-1 通用弗雷明翰总装厂与丰田高冈总装厂指标对比

	通用弗雷明翰总装厂	丰田高冈总装厂
每车总装工时(小时)	40.7	18.0
修正后的每车总装工时(小时)	31	16
每百辆车总装缺陷数（个）	130	45
每车占总装面积(平方米)	8.1	4.8
平均零件库存时长	2周	2小时

生产方式的发展历程给我们一个非常重要的启示：任何一个新的理念都不是无缘无故地一蹴而就的，它都是在旧理念已经显得不复有效的时候出现的。

第四节　智能互联时代

> 智能互联根本性地改变了世界的时间与空间概念,世界变得越来越平,地球就像一个村落,人们紧紧联系在一起。
>
> 智能互联时代的去中心化重构了人类社会的生产生活组织方式。工业生产必将随着智能互联时代进行脱胎换骨式的变革。

20世纪90年代以来,信息技术革命和经济全球化迅猛发展,推动了生产要素的全球配置,使得一国的人才、技术、资本等生产要素可以跨越国界,在全球范围内自由流动。

生产的全球化和信息的网络化,推动着我们进入一个全新的互联时代。

互联时代是继农业时代、工业时代之后的一个全新时代。与农业时代、工业时代生产吃穿住用等物质财富不同,互联时代生产信息、智能等虚拟产品。互联时代根本性地打破了全球产业格局和企业生存方式,与之相适应的企业商业模式、生产方式、组织形态等将出现前所未有的变革与创新。

一、从中心到平台

工业时代是在科技推动下通过专业分工迅速发展起来的。越来越精细的专业分工,极大地发挥了产业的规模效率。当然,如果只有分工,没有联合,生产就会是一盘散沙,照样没有效率;将生产、分工联合起来,才能成为庞大而严密的组织。因此,伴随社会化大生产的发展,基于科层制的企业组织遍布了经济的各个领域。自然地，由科层制堆砌起来的组织通过自由竞争，形成一个个中心：在产业链中，有核心企业；在企业中，有领导机构。以此形式搭建起来的组织，带来了工业时代所需的若干优势：第一，集中统一的组织目标，在组织内部，一切号令听指挥；第二，高效的组织动员，领导发话，全体行动。

中心主义的组织带来了效率的同时，也损失了自由创新。但这在工业时代是值得的。

进入网络时代，人们的信息获取和交流变得更加容易和广泛，中心主义的组织方式逐渐成为阻碍人们自主意识发展的巨大障碍。而且，随着产品的知识含量不断增加，客户更加愿意为创新买单，而不是为产品的数量和成本买单。汽车产品的更新换代已经主要不是体现在机械性能和材料改进上，而是体现在电控系统、造型设计，以及车联网络等并不增加物理成本的创新上。电子产品的更新换代更是如此，例如每一代苹果手机的价值差别主要不是体现在产品制造上，而是体现在产品创新上。

创新要求的不是严密的组织，而是自主的挑战。因此，未来企业组织将逐渐去中心化，转变为支持员工发展的平台。去中心化不会让组织从物理上消失，而是实现角色与功能的转变，从过去发挥影响力和控制力的中心转变为展现吸引力和支撑力的平台。人们不再被动接受中心的组织、指挥和控制，而是主动共享平台提供的服务。

互联网打破科层制组织，建立网络型组织，这是互联网发展的一个自然过程。在生活领域早已开始，如微信群、微博群，就是典型的网络组织。

海尔看到了这个趋势。张瑞敏指出，海尔好比一艘巨舰，现在需要把这艘巨舰拆了，重新变成很多小船，这些小船再联合起来组成一个舰队。海尔就尝试着打破原来的组织方式，鼓励员工建立众创团队，激发员工的自主性和创造力。

二、从产业链到企业群^㊀

以互联网兴起为标志,极大地缩短了企业与客户、企业与企业之间的时空关系,产业结构和商业模式发生了根本性的变化。

一方面,企业的市场、研发、生产、采购等业务不再受地域的限制,呈现出全球市场、全球研发、全球生产、全球采购的趋势。市场、研发、生产、采购等机构不再局限在一地,而是随着客户需求的全球网络和生产要素的全球配置,出现一家企业研发在美国、生产在中国、采购在欧洲、销售在全球的格局。

另一方面,企业从市场需求到产品交付的过程变得更加扁平化。由于现代信息网络的发展,市场需求变得更加多元和多变,企业需要更广泛、更快速地捕捉并响应市场需求。在互联网络的推动下,产业链逐步向企业群过渡,某个市场需求一旦被挖掘,围绕研发、制造和服务,整个企业群上的企业马上就可以共同参与进来,通过创客、众筹、众包、分布制造等新型模式,协同开展工作,并分享合作成果。以主机厂为核心,确定需求,然后开始研发,并分发到供应商进行零部件设计制造,再由主机厂进行零部件验证,再到主机厂组织试生产,最后进入正式批量生产的传统的产业链,将不得不适应企业群挑战。

在这场变革中,小商品的生产走在前列。在互联网+的推动下,大量的小商品完全打破了地域的界限和产业链的束缚,给客户带来了不可思议的自由选择空间,大量小商品企业也如雨后春笋般蓬勃发展。大家看看淘宝上

㊀ 这里的企业群是指为提供某一类产品服务而协作的一群企业。

的产品，几乎是应有尽有。我们不仅要看到互联网下小商品的蓬勃发展，更应该看到蓬勃发展背后小商品业态的根本性改变：在过去，这些小商品大多由中小企业生产，销售网络和品牌营销力非常有限，要想进一步发展，必须承担销售渠道和传播机构的高额费用，企业发展相当困难。现在，小商品搭上了互联网的便车，从而让这些企业的命运发生了根本性变化。互联网这张几近免费的网，让企业奇迹般地通达了全球客户。

现在大商品的生产还在坚持产业链的思路，因为这些大商品的核心生产企业经过多年的奋斗已经编织了一张庞大的销售和生产网络，这是这些企业历尽千辛万苦建立起来的，其中有自身的既得利益，谁愿意随随便便就自废武功呢？你稍微留意一下就会发现，很多大商品在网上开的网店，一定是唯我正宗、别无分店，而且全网统一价，价格也不会低于实体店。但是，这张网是工业时代的网络，并不是互联时代的网络，而在产业链上处于被控制位置的企业，一定会利用互联网进行革命，冲破工业时代的网络，拥抱互联时代的网络。在汽车行业，这场革命已经在悄悄开始，很多零部件企业开始通过网络与维修企业联合，为客户提供成本更低、更加便捷的售后服务，冲击整车企业控制的4S店。

三、互联一切

自信息网络诞生以来，信息、能源、生产等逐步走向网络化和智能化。可以设想，未来的世界会将一切信息、能量和物质互联在一起。

首先是信息网络化，信息开始不再完全按照中心向周围扩散的路径传播。

其次是能源网络化，通过互联网技术与可再生能源技术的结合，将太阳能、风能等收集起来，融入能源网络，能源不再完全依靠传统能源提供。杰里米·里夫金在其著作《第三次工业革命：新经济模式如何改变世界》中说：在新时代，数以亿计的人们将在自己家里、办公室里、工厂里生产出绿色能源，并在"能源互联网"上与大家分享，就像我们现在在网上发布、分享消息一样。这个变化已经开始，成立了全球智能电网联盟组织，协调各国推进能源网络化，并取得了积极的成果。

最后是生产网络化，通过创客空间、电子商务、物联技术、3D打印技术等，逐步形成网络化制造，产品不再完全集中在庞大的工厂中大批量生产，大量个性化的微生产将应运而生。这个转变也正在酝酿中。

四、人工智能

时至今日，信息技术的三大领域：计算、通信、传感日臻成熟，并趋于融合，标志着人工智能时代的真正来临。

首先，人工智能所必需的大数据正迅猛发展，数据云已成主流，企业信息化服务商 SAP、用友以及机器人供应商 ABB、FANANC 等，都建立了相应的云数据服务，为人工智能学习提供坚实的数据基础和计算技术。

其次，互联网＋应用蓬勃发展，智能移动终端逐渐普及，交互数据指数上升，信息通信全面拓展到生产、生活的各个领域。

最后，物联网方兴未艾，由 5G 技术支撑的万物相连将很快成为现实。数据传感将不再孤立于信息网络之中。

近年来，人工智能在制造、家居、金融、交通、安防、医疗、物流等领域得到了广泛的应用。这一切，都是真切的工业生产智能化的脚步声。

第五节　精益经营

> 精益经营就是智能互联时代的精益生产，它基于精益生产，又超越精益生产。
>
> 精益经营的基本内涵就是精益化、数字化、智能化等的融合发展，是企业转型升级的方向。

精益经营就是建立适应智能互联时代的生产方式，概括起来就是推动企业实现精益化、数字化和智能化的融合。

20世纪50年代以来，日本制造业秉承"做同样的事情，比对手做得更好"的精益思想，创造了日本的经济奇迹。

现代信息网络已经全面深入到工业的各个领域。电子商务、云服务、大数据等技术正深刻地改变着企业的商业模式和制造方式。

当前，我国制造业在规模上已经在全球领先，但装备水平与发达国家相比还存在明显的差距，急切需要通过自动化和智能化来推动制造业的技术升级和产品升级。

一、企业转型升级，精益经营的时代课题

进入智能互联时代，全球工业进入转型升级的重要时期，各主要工业国家纷纷结合自身实际，提出了转型升级的国家战略。

美国提出再工业化，重点将产业的结构转型面向高附加值、知识密集型要素和产品以及服务于新市场中以技术创新为主的产业，并于2011年启动了"先进制造伙伴计划"。

德国提出"工业4.0",他们认为:继蒸汽机的应用、规模化生产和电子信息技术等三次工业革命后,人类将迎来以信息物理融合系统(CPS)为基础,未来制造以生产高度数字化、网络化、机器自组织为标志的第四次工业革命,并于2013年发布了"实施工业4.0攻略的建议"。

我国也提出了"中国制造2025"战略,以促进制造业创新发展为主题,以提质增效为中心,以加快新一代信息技术与制造业深度融合为主线,以推进智能制造为主攻方向,以满足经济社会发展和国防建设对重大技术装备的需求为目标,强化工业基础能力,提高综合集成水平,完善多层次多类型人才培养体系,促进产业转型升级,培育有中国特色的制造文化,实现制造业由大变强的历史跨越,并确定了2025年中国迈入制造强国行列的奋斗目标。

纵观我国工业发展历程,改革开放后主要是依靠人力、土地等要素资源优势来获得规模发展。这种优势正在变得不可持续,随后将逐步丧失。未来必须依靠技术、人才等能力优势,来获得创新发展。

从资源优势到能力优势,是一项艰巨的转型升级。一方面,企业需要利用精益经营理念,适应互联时代的要求,提高经营质量效率,实现管理转型;另一方面,企业需要提升制造平台的信息化和智能化水平,实现工程装备升级。这就是精益经营面临的时代课题。

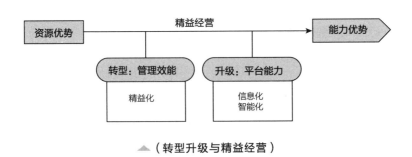

（转型升级与精益经营）

二、跨入创新经济时代的精益经营

进入智能互联时代，最本质的特征就是从 0~1 的创新过程超越了从 1~N 的生产过程，工业产品的创新价值将越来越能够决定制造的未来。

精益经营的创新，归纳起来主要有商业模式创新、制造方式创新，以及人才体系创新等三个方面。

1. 商业模式创新

互联网时代为分工提供了新的平台，组织分工开始转变为联结分工——依靠互联网让企业在企业群中根据自身的需求和能力自由联结，而不是通过传统的客户关系。互联网联结完全打破了原有的客户关系的边界和约束，使企业能够利用互联网自由地实现自身的商业价值。现在方兴未艾的电子商务（产品销售）、众筹（筹资）、众包（服务）等互联网商业模式，将支持工业企业进入一个全新的商业时代。随着互联网的发展，未来企业所需要的所有资源，包括零件、设备、服务、资金等，都可以通过互联网获得；同时，企业所提供的所有产品和服务，也都可以通过互联网传播到世界各地。

2. 制造方式创新

随着互联网的发展，制造将呈现智能化和网络化发展趋势。首先，产品智能化和制造智能化将成为常态。智能汽车、智能家电不断涌现，将大大提高产品使用的便捷和舒适，机器人做家务将成为平常之事。同时，以工业控制和智能机器人为代表的智能工业迅猛发展，工业制造将逐步实现无人化。其次，产品通过创客空间、电子商务、物联技术等，逐步形成网络化制造，产品不再完全集中在庞大的工厂中大批量生产。这样，客户的需求可以个性化，企业也可以分散地、自主地生产。我们开的汽车、喝的啤酒，为什么是由企业确定的几个品种，为什么不能根据自己的喜好在网上设计，然后在网上订购，并在网上制造呢？一些企业已经开始研究这些设想了，相信不久的将来设想会成为现实。

3．人才体系创新

企业创新，关键在人才。未来企业的发展，需要建立适应互联时代的人才创新机制。人才创新涵盖的范围很广，其中两点非常值得关注：第一，组织方式创新是否可以打破科层制严密的组织机构，建立团队自由联合的开放平台机构？第二，分配机制创新，工资加奖励是工业时代的分配体系，企业购买员工的时间和技能并支付报酬，有利于管理，但不利于创新。在互联时代，是否可以建立一个企业提供资源支持，员工组成创新创业团队，共担风险，共享成果的机制呢？如果这样，企业分配体制将变成培育创新，分享成果的模式。

三、从理念到原则的精益经营体系

精益经营是一个由理念、目标和原则共同构成的整体。

首先，企业存续源于为客户创造价值。企业要在竞争中脱颖而出，赢得客户的忠诚与信赖，必须追求客户的热忱。

什么是客户热忱呢？

客户在购买产品/服务的时候，会对产品/服务有一个期望值，而企业提供的产品或服务也有一个实际水平。

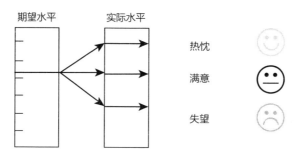

▲（客户热忱：超越客户期望）

当实际水平低于客户的期望值时，客户就会感到失望；当实际水平与客户的期望值相当时，客户就会感到满意；当实际水平高于客户的期望值时，客户才可能成为"回头客"。

一个客户感到满意时，未必会交口称赞，因为我们只是提供了其所预期的东西。只有超越客户的期望，客户才会表现出巨大的热情，从而成为企业的忠实客户。

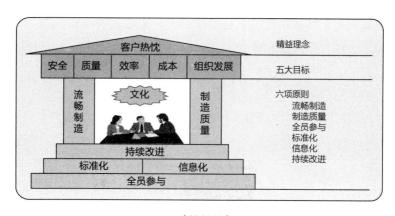

▲（精益屋）

"赢得客户热忱"是精益经营的基本理念。它告诉我们必须以赢得客户的热忱作为一切经营活动的宗旨。

如何在企业经营活动中实践这一宗旨呢？那就需要在安全、质量、效率、成本、人员等五个方面坚持精益经营，并将其贯彻到产品和服务中。具体来说，安全即安全的工作环境和工作过程，以及安全的产品和服务，在一切经营活动中都坚持安全优先；质量即为客户提供其所需要的高品质产品和服务，让客户拥有美好的购买体验和使用体验；效率即快速响应客户并及时交付产品和服务，让客户感觉你始终在他的身边；成本即消除一切浪费，让客户获得物超所值的产品和服务；人员即坚持以人为本，使员工与企业共同成长。

如何实践精益经营的五大目标呢？那就是贯彻流畅制造、制造质量、全员参与、标准化、信息化、持续改进这六项原则。其中，流畅制造、制造质量是精益经营的两大支柱：一者支撑企业按照市场走向向客户提供需要的产品，一者支撑企业为客户提供品质卓越的产品和服务；全员参与、标准化、信息化，以及持续改进是精益经营的基础，即全员积极参与企业的经营管理，并建立明晰、具体、科学的管理标准，借助信息化手段来提升管理水平，并致力于持续改进。

企业文化处于精益经营的核心地位，为经营注入灵魂和思想。文化、宗旨、目标、支柱、基础被共同称为精益经营系统，我们也形象地称之为"精益屋"（如上图所示），为企业适应市场风云变幻、实现永续经营提供重要保障。

LCA50000000000000492
精益经营目标

第二章
蓝图：精益经营六项原则

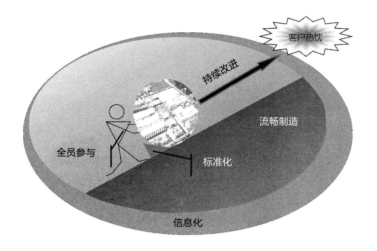

企业经营就像一条河流：河流奔腾向前即是流畅制造，保持稳定的流动即是制造质量，小河汇入大河即是全员参与，疏浚河道即是标准化，建立水文站即是信息化，年年修复完善即是持续改进。

第一节　流畅制造

　　企业的生产过程就像一条河流，如果不进行有效治理，就会导致表面上看气势磅礴、汹涌澎湃，实则布满漩涡、深潭、渗漏、干涸、险滩。只有精心治理，才能具备管理效率，快速响应市场，从而具备竞争力。

一、流畅制造基本理念

流畅制造是一种基于时效的制造过程，它是根据客户需要的持续拉动生产，从而为客户创造价值。

（一）缩短制造周期

流畅制造的首要任务是缩短制造周期，因为客户没有耐心等待我们。

传统管理，常常将缩短制造周期的焦点放在生产作业等增值过程上，希望生产线转得快一点、工人操作快一点。事实上，这样做效果并不明显，而且容易导致安全、质量等问题。

因为我们制造的增值时间在漫长的制造周期中所占的比重很小，大量的时间在等待、运输、检验、存储中被耗费掉了。

精益经营就是将改进的焦点放在缩短或消除非增值时间上，从而大大缩短制造周期，提高效率。

▶ 案　例

真功夫餐饮是我国知名的快餐品牌，而如何快速满足客户需求是快餐行业的核心竞争力。中午顾客就餐，高峰期持续一个小时左右，如果不能以最快的速度为顾客提供餐食，机会就让给竞争对手了。

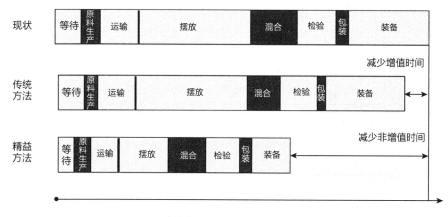

（传统方法与精益方法的比较）

与真功夫合作之初，我们认为，我们的经验在汽车行业，与餐饮行业相距甚远，借鉴价值不大。但深入地开展了一段时间的调研后，我们改变了看法，就像遗传学中的杂交优势一样，跨界反而成了机会。因为餐饮行业属于小生产，对大生产模式缺乏了解，所以完全不知道应如何从大生产中借鉴经验。有意思的是，双方经过几轮碰撞，居然诞生了许多颠覆行业的做法。

首先是窗口传餐，真功夫先前是后厨按照顾客订单配餐，然后一份份地传给前台，这在高峰期明显跟不上。后来，我们将菜品根据历史销售数据进行ABC分类，销售量占前50%的定为A类，销售量占前30%的定为B类，剩下的定为C类；然后将窗口分成三层，每层若干格，其中A、B类的菜品格按照一物一位的原则进行设置，后台不再对A、B类菜品进行配餐，而是以缺件补充的方式往窗格中上菜，配餐工作由前台完成。这一项改进大大提高了出餐效率，现在已经成为中式快餐店的标准作业方法。

后来，我们又对后厨进行重新设计：将食材分成干货、腌制食品、即制食品，以及配料等，设立食材配送中心，将大量可以集中处理的工艺放在食材配送中心完成，并根据用量、按照不同的配送频次拉动配送给各个门店。凭借这一项改进，平均每个门店节约了40%的后厨空间，而制造周期缩短到了原来的20%，质量也比之前更加可靠。这为后来真功夫进行全国拓展奠定了坚实的基础。

基于拉动的配餐窗口

基于统计分析的餐桌组合

后厨生产配送变革

▲（真功夫精益改进场景）

（二）简洁流动

流畅制造的关键是要创造简洁流动。简洁流动包含简洁的工艺流、简洁的物流，以及简洁的信息流。只有信息、工艺、物流简洁通畅，才能实现流畅制造。

简洁的信息流是简洁流动的源头，需要建立无障碍的信息流通，任何信息的阻滞与混乱都会导致全面混乱。

简洁工艺流是简洁流动的基础，应建立尽可能简单、易操作的工艺来满足客户要求。

简洁的物流是使简洁流动的重心，也是连接各个制造过程的纽带，应尽量减小物流的规模并降低物流的复杂度。

▶案 例

柳州有一家生产螺蛳粉的企业，发展得不错，还将工厂搬迁到了工业园区。老板请我去看看他的新工厂，我去了之后发现工厂空间很大，共分四层：第四层为米粉车间、第三层为配料车间、第二层为包装车间，第一层为原料和成品库。老板带着我一边走一边介绍工厂的设备、产能情况，架势还是十足的，但我看着厂房里工人不停穿梭的身影和随处可见的在制品，凭我的职业直觉，感觉工厂的管理问题肯定少不了。

回到办公室，我首先问了老板一个问题："一包螺蛳粉从大米投料到成品发运要多长时间？"他先愣了一下，转而想了一阵子，说："我们没有统计过，但应该不会超过5天。"我又问："那一包螺蛳粉生产所需的大米蒸煮、成型、配料炒制、包装入库等作业时间需要多久？"他不知道怎么回答，我接着说："保守估计不会超过2小时。""那时间去哪里了呢？花在制品库房里和搬运途中了。"他看着我点了点头，我接着说："问题远不止这些！螺蛳粉属于食品，只要加工工序多、存留时间长，质量就很难保障，无论你用什么先进装备和多么高深的管理。"他笑了。我接着说："相信我！只要重新布局一下，你的厂房面积可以砍掉一半，生产周期可以缩短50%，而且质量也会大幅度提高。"

我之所以说出如此让他大吃一惊的话，无非是看到了他们的生产过程没有流动的意识。

（三）快速响应

几乎所有的企业管理者都清楚生产现场的重要性，可是很多人并不懂得如何支持现场。

通常，我们看到的是现场出现问题后，现场人员急得不知所措，管理人员迟迟不见踪影。无奈之下打电话报告领导，领导马上就是一通训斥，并在电话中交代如何解决。实在不行，又电话报告更高的领导，同样又是一通训斥，然后在电话里再下指令。

▲（层层汇报与现场响应）

这样能解决现场问题，实现流畅制造吗？

> **案 例**

给大家讲一个我们在燕京漓泉服务的案例。当时，我们正在召开一个专题会议，会议进行中，一位工段长急匆匆地走到制造经理旁边小声报告了一个现场问题，这位经理给他交代了一番让他出去了。我正好在旁边，看情形，我感觉问题比较严重，于是问他："发生了什么事情？"他说："二氧化碳管道进水了。"我又问："后果怎么样？"他告诉我："二氧化碳管道不能进水的。"问题严重了，于是我提议中止会议，与制造经理一起赶到现场。

等我们来到现场，发现生产线仍在轰隆隆地运行。经理一看很生气，说："我刚交代停线检查，怎么还开着？"我提醒他先看看故障点再说。结果来到故障点，二氧化碳管道中仍然积着液体。问现场员工，回答是刚刚排掉了，这些是重新积下来的。经理更生气，转身就要出去找技术经理。我说不要找了，先将生产线停下来，然后打电话告诉他我们正在现场，有问题请他来一下。当时技术经理正在开会，并不想来。后来说顾问老师也在，才勉强来了。技术经理到现场一看，吓了一跳，说："怎么会出这样的事情？"我们于是问他："现在怎么办？"技术经理急切地说："这事很严重，我们需要报告领导。"我接着说：

"那好，直接请领导到现场来吧。"

领导和相关部门人员来到现场后，现场做了分析，分头组织人员检查液体成分和来源。经过两个小时的协同作战，终于在另一个车间的二氧化碳输送端找到了根本原因：由于工艺设计的疏漏，个别情况下，操作人员在排气清洗时会因为气压骤降而引发另一管道的酒液倒灌的现象。

事实告诉我们，只有在线响应，才能真实了解情况，并通过团队的力量从根本上解决问题。如果只是一味地主观臆断，不仅不能有效解决问题，无法培养实干人才，还会因误判而伤害团队。

先进企业的现场响应遵循的原则是各级管理者都必须面向现场。当现场有任何需求时，应该第一时间到达现场，并快速组织团队进行现场探讨、现场分析、现场决策，而不是遥控指挥。

二、流畅制造的核心要素

从供应商到客户的价值流动中，流畅制造可以分为从供应商到客户的简洁信息流程、从原料到产品的流畅制造过程，以及从供应商到客户的精益物流这三个重要的环节。其中包含均衡生产、暗灯系统、全员生产维护、一物流、拉动系统、受控库存等要素。

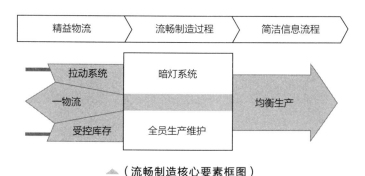

▲（流畅制造核心要素框图）

(一)简洁的信息流程

精益生产方式强调销售拉动生产。理想的方式是按订单生产,但高度依赖以下两个重要前提:

其一,企业必须有足够大的产能,以满足客户需求的波动。

其二,客户必须给予足够长的交货期,让企业有充分的时间组织生产。

现实中,企业既不能按照市场的最大需求投入产能,让生产完全跟随市场的波动,这将造成巨大的资源(如人工、设备等)浪费和质量波动;也不能不顾市场需求变化,按部就班地组织生产,这样客户没有耐心等待。

这实质上是不确定的市场需求与有限的制造资源⊖之间的矛盾。

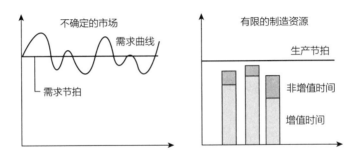

▲(不确定的市场需求与有限的制造资源)

均衡生产就是通过应用需求预测、拉动系统、均衡订单等方法,平抑市场需求波动,最大限度地优化利用制造资源,消除市场与制造之间的矛盾,有效地满足市场需求。

1. 均衡生产的三个要素

建立均衡生产体系包含三个相互关联的要素:需求预测、拉动系统、均

⊖ 现代企业信息化中的制造资源计划 MRP Ⅱ 系统,就是一种企图用计划的方法优化制造资源配置的方法。

衡订单。

首先，需要建立良好的需求预测机制，统筹协调市场调研、营销策略、客户关系等，准确把握市场需求。

其次，在需求和生产之间建立拉动系统。需求预测并不能改变客户需求的波动，可以通过拉动系统平抑需求的波动，为实现满负荷、均衡生产奠定基础。

最后，均衡订单，即让生产量与品种都能平均化。由于市场和竞争的需要，企业往往会同时为市场提供多个品种的产品。但是，顾客的订单流量往往会随机波动，如果完全按订单次序生产，就会导致明显的生产数量波动和生产组织上的困难；如果将一段时间的订单汇总按品种分类依次生产，这样虽然生产组织简单，却会陷入大量生产的痛苦——导致过高的库存和过长的交货期，并且失去对市场变化的敏感。解决的办法是，可以将一段时间内的订单总量按品种均衡地分配到每天，使每天的产量和品种基本均衡，既满足了市场的均衡需求，又达到了生产的稳定要求。

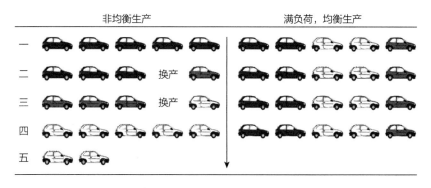

▲（非均衡生产和均衡生产示意图）

2. 均衡生产的六条黄金规则

均衡生产是生产组织的主线，它贯彻市场、生产、供应等整个产销流程，因此产销流程上的各个业务部门必须密切配合、协同工作。要想实现各业务部门配合、协同，需要遵循以下六条黄金规则：

首先，树立客户链的观念。客户第一，一切以客户为中心，并将客户观念贯彻于整个业务流程。

其次，建立游戏规则。如果片面理解客户第一，我们就会发现营销部门经常以客户需求为由，不断变更需求，让制造部门无所适从。我们需要在业务流程的各个环节建立明确的规则，就像企业与客户签订商业合同一样。只有让规则约束每个环节的行为，才能有默契地互相配合，从而最大化地满足客户需求。

第三，恒定的生产节拍。生产节拍是制造能力的基本属性。如果为了一时的交货，而任意改变生产节拍，就是破坏了标准化作业过程，减低了产品品质，并不能真正让客户满意。

第四，满负荷生产。企业应该建立这样一个信念：只要生产线启动，就应该让它满负荷运行，否则就是巨大的资源浪费。如果需求不足，可以在完成生产后，将剩余的时间用于开展现场改善、培训学习、设备维护等活动。

第五，计划信息流与问题信息流分开。生产组织应该包含生产计划与生产控制两个部分。生产计划是组织和分配制造资源的纲领，应该是明确而严肃的；生产控制是确保生产计划有效执行的管理行为，负责处理生产过程中的问题以确保计划目标的完成。当执行与目标发生偏离，可以按照流程变更计划，但是必须将计划信息流与问题信息流分开，否则容易造成计划与控制的混乱。最终搞不清楚是计划有问题还是生产控制有问题，不利于持续改进。

最后，避免内外归因。任何计划的问题，都可以从外部找到原因，但于事无补。现实中从来没有完美无缺的计划，我们只是努力做得更接近市场需求而已。如果没有完美无缺的计划，就不能说自己的计划没有问题。

（二）流畅的制造过程

建立均衡生产，需要可靠的制造过程保障。如果生产不断因为产品质量、设备故障而中断，那么均衡生产仍然是一句空话。

1. 混乱的根源

有一家汽车制动器制造企业，随着近几年汽车市场迅猛增长，公司的产量平均每年有超过20%的增量。但是产量的增长并没有给该公司带来多大的盈利增长，成本却在迅猛攀升。几年来公司加班不断，员工牢骚满腹。

制造企业的规模效应是非常显著的，为什么公司却陷入了规模的痛苦之中呢？

答案就在现场！

由于生产繁忙，工厂的过道和走廊里到处都是物料。生产工人被埋在物料中间机械地工作，物流工人则在乱如菜市的生产现场穿梭，面无表情、疲惫不堪。由于长期的加班加点，生产设备得不到有效的保养，不少设备因为野蛮运行而彻底罢工，更加剧了生产的紧张和混乱。

管理人员把这些归咎为人手不足、场地太少、设备不够，于是不断申请公司帮助解决这些问题。

但这真的是问题的解决之道吗？

混乱的根源并不是人员、设备、场地，如果不能从整个制造过程中重新思考，只是单纯地增加设备、人员等，就只会制造更多的混乱，掩盖问题。混乱的根源在于没有建立起一套支持变化的、流畅的制造过程。

2. 暗灯系统

很多企业为了确保生产进度，严格禁止员工停线。员工没有固定的工作区间，经常因为出现问题而跟着流水线走出很远，好不容易完成了又匆匆跑回去接着做下一个待装的产品。直到最后问题成堆，管理人员不得不将生产线停下来。在这样的管理下，员工看上去挺努力，但实际上质量和效率都很不理想。员工超出自己的工作区域工作，说明他没有按照标准化操作。也许他很努力地工作了 8 分钟，可是执行标准化操作只需要 5 分钟，另外 3 分钟就在他的忙碌中浪费了，而且掩盖了问题。

丰田公司为了杜绝这种现象，早在 20 世纪 60 年代，便在流水线上设置停线按钮，当某一工序出现问题不能在规定的作业时间内完成，操作人员便可以拉下暗灯，将生产线停下来，找班组长及相关人员解决问题，以确保问题不流放到下道工序。经过长期的完善和发展，丰田的这个办法逐步形成了现代意义的采用电子控制、拥有声光信号的暗灯系统。

暗灯系统在当时的美国以及西欧等国企业看来是不可思议的。怎么能让整条生产线停下来，让所有员工等待一个工序去解决问题呢？但恰恰相反，就是这种停的思想让生产最终达到不停的境界。虽然表面上看，停线浪费了时间，但这能够充分调动全员的参与，锻炼员工的技能，提高小组的团队合作精神。随着小组问题解决能力的增强，实际稳定下来后，实行暗灯系统的生产线远比没有实行暗灯系统的生产线的效率和品质[○]都要高。

3．全员生产维护

全员生产维护就是全体员工执行标准化的维护过程，以使设备的质量与效率最优化。全员生产维护包含三层含义：

首先，全员生产维护必须以全员参与为前提，按照全员参与的原则建立自主保全、专业维护、应急维修等设备管理体系。自主保全是以生产人

○ 没有实行暗灯系统的生产线的停线率在 20% 左右，而装有暗灯系统的生产线的停线率在 5% 以下。

员为主，自主开展日常点检、清洁、润滑等设备保养与改善工作；专业维护是以专业人员为主，对设备状态进行专业分析、诊断与改进，如制订预测性维修计划，实施专业的检测与维修，组织设备改进等；应急维修是对设备故障的应急响应机制和快速恢复的管理，如设备维修预案、快速响应流程等。

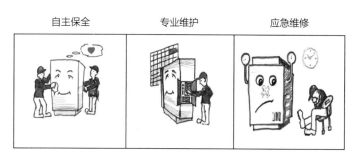

▲（全员生产维护体系）

其次，全员生产维修需要建立在标准化的基础上。标准化必须贯彻于全员生产维修的每一个细节。例如设备点检：如果检验项目不明确，缺乏点检标准、方法，员工按照自己的理解执行设备点检，就难免出现漏检、错检，情况严重时还会导致安全事故。

第三，全员生产维护的目的是高效率地产出高品质的产品，而不是简单地保障设备不出问题。良好的全员生产维护应该具有三个不可缺少的要素：建立开放交流平台，促进生产与维修的融合（基础）；建立快速响应机制，确保快速恢复生产（问题解决）；开展持续改进活动，降低设备故障和改善产品质量（持续改进）。

（三）精益物流

在现代物流中，物流被称之为"第三利润源泉"，受到广大企业的重视。

物流是指物资实体（物资及其载体）的物理流动过程，表现为物资场所（位置）的转移及时间的占用。常常包含订货、包装、运输、检验、存储等内容。

精益物流就是在最短的时间内，在供应商与客户双方最少的成本损耗条件下，在适当的时间里把数量合适的物料用恰当的工具运送到指定地点的流动。

1. 复杂问题简单化

在制造企业中，物流是一个庞大的系统。

为解决物流系统的问题，通用汽车公司每年投资超过30亿美元，希望建立一个供应商与通用汽车公司高度集成的全球统一的信息系统集成平台。通过这个信息系统，通用汽车公司可以清晰地了解全球任何一点的物流信息，并对其进行有效的控制。这个用心良苦建立起来的信息系统可谓无所不包、无所不能。可是这除了增加了一个拥有一千多名专家的IT机构之外，就是让这个物流系统变得更加高深莫测。

丰田公司则一直秉承准时制（JIT）原则，首先着眼于简化供应商管理：将供应商整合，使直接向丰田主机厂供货的一级供应商降低到几十家；要求供应商在主机厂附近建立仓库，或者鼓励供应商就近建厂。如此一来，物流管理模式的丰田物流就变得非常精简。然后，丰田公司再按照管理的需要建立物流信息系统，辅助物流管理。

虽然丰田公司没有通用汽车公司那样完美的信息系统，但丰田的方式显然要简洁得多。

2. 精益物流流程

精益物流的实质是简洁、快捷的信息流动。精益物流就是按照拉动的原则，建立从供应商到主机厂、从主机厂到客户的简洁流程。

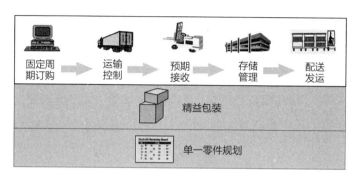

▲（精益物流流程）

这个流程通过固定周期订购、运输控制、预期接收、存储管理、配送发运，以及精益包装、单一零件规划等，将从供应商到客户的物流活动紧紧统筹在一起。

固定周期订购是定期向供应商发出订购计划的订购方法，以便供应商能够对主机厂的需求有一个相对稳定的预期。

运输控制是对从供应商到主机厂的运输路线、运输方式和物流计划进行控制的活动。

预期接收也称窗口接收，是企业对供应商的物料规定接收时间窗口，以保障供应商供货有序和均衡地进行。

存储管理指对物料进行存储、定置、保管等管理活动。

配送发运是指物料配送上线和产品发运客户的过程。

精益包装是指按照小批量、多批次原则进行标准包装管理的方法。

单一零件规划是指对单一零件的物流路线、包装方式、运输工具等进行全过程规划的方法。

3. 精益物流的三层境界

实践精益物流有三层境界。

通过受控库存调节物流，这是第一层境界。物料流动像拥挤小道上的车流,走走停停,比较零乱。

实施拉动控制物流,这是第二层境界。物料流动像繁华街道上的车流,尽管车辆众多,但是有条不紊。

采用一物流,这是第三层境界。物料流动就像在高速公路行驶一样,畅通无阻。

▲（从受控库存到一物流）

（1）一物流　精益物流的最佳境界是一物流。一物流就是在每次流动中只有一件物品,也就是说流动的批量为一。流水线就是一物流的常见例子。

精益物流不可能完全做到一物流,但也并不是高不可攀的。

重庆有一家生产弹簧的工厂,已经有近 20 年的历史了。最近几年市场形势异常恶劣,工厂已经到了破产的边缘,于是公司打算关闭这家工厂。我们到现场观察后发现,现场物料堆积如山,生产人员埋在一堆堆的物料中拼命地干着自己的活,一些负责搬运的员工忙碌地在物料堆中穿梭。经过分析我们发现,这个弹簧的加工过程完全可以用一物流的方式组织生产,于是组织专业团队设计方案,工厂就地取材,从废旧库里清出了一个物料传送线,稍做改造,就建成了一条全新的生产线。改进后的生产与原来的生产相比有了脱胎换骨的变化,企业当月便实现了盈利。

表2-1 公司一物流改造前后的对比

项目	改进前	改进后
单班人数	17人	13人
单班产量	7 500件	12 500件
在制品库存	15万	2万
一次合格率	86%	94%
生产面积	840m^2	500m^2

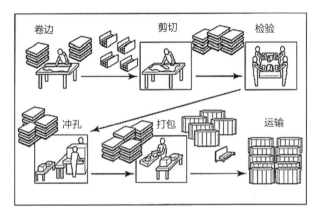

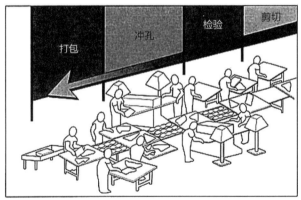

▲（精益布局案例图示）

（2）拉动系统 不能实现一物流，退而求其次，可以拉动系统，避免生产过剩。

拉动系统就是一种缺件补充的物料流动方式，在日常生活经常可以看到。比如我们日常开车，当发现油量表显示汽油不够时，我们就会去加油站加油，而不是给汽车排定一个加油计划，按照计划加油。这就是一种拉动系统，拉动信号是油量表。

我们经常光顾的超市，也是一个典型的拉动系统。事实上，丰田创立物料拉动系统，就是受了超市的启发。超市通过拉动系统极大地降低了库存，并有效地保证客户不会因为出现缺货而买不到需要的商品。

在生产线上，我们同样可以按照超市原理建立物料拉动系统。物料拉动系统涉及标准包装、小批量、先进先出、信息看板，以及保障拉动的机制与流程等方面的方法和工具。应用这些方法和工具需要一定的管理知识和技能，但这不是关键。实施好拉动的真正挑战在于，如何坚持以客户需求拉动生产，并不断减少批量以降低库存。

（3）受控库存　当然，有时我们也会因为供货时间长、经济批量，以及采购策略等因素的影响，而不能实行拉动系统。这样一来，我们就需要建立一定的库存以平衡和缓冲生产需求和物料供给方面的矛盾。

此时，我们需要根据生产计划制订物料需求计划，排定物流日程表，以确保满足生产进度的要求。

尽管这种按照计划的推式物流不可避免地需要增加库存。但只要我们秉承三现主义⊖的原则，受控库存也是有其用武之地的。

无论是一物流、拉动系统，还是受控库存，有一点是一致的：那就是挑战库存的极限，追求零浪费的库存。这是精益物流的核心精神。

⊖ 三现主义是日本企业在长期实践中形成的关注现场、现物、现实的管理理念。简单来讲，三现主义就是坚持业务以现场为中心、行动以现物为基础、决策从现实出发。

三、流畅制造的两个台阶

实践流畅制造,可以分为两个阶段:现场管理提升和生产组织系统建设。

现场管理是流畅制造的基础,首先应该集中精力抓现场管理;同时,现场管理就像一颗颗璀璨夺目的珍珠,还需要生产组织系统将每个珍珠串在一起。

(一)现场管理提升

现场就是增值的地方。每一张图纸、每一个产品、每一个订单,都是依靠现场员工智慧的头脑和勤劳的双手实现的。

现场也是离客户最近的地方。客户可能会对销售业务员的耐心讲解和热忱服务留下深刻的印象,可能会对产品的卓越性能有美好的体验。他们也许并不知道管理这个公司的总经理,但是会因为现场员工的努力而留下美好的印象和体验。

1. 从面向现场到以现场为中心

很多倡导精益经营的企业都打出以现场为中心的口号,可是他们的行为却在不断地否定自己的口号。

公司在决策"以现场为中心"后,很多职能部门可能会说:公司领导提出了以现场为中心,确实很必要,我们一定支持。你们有任何问题,我们一定尽力办到。

请注意,他说的是"你们有什么问题,我们一定尽力办到"。言外之意就是说,如果没有什么问题,我就要干我自己的事了。他们忘了,他们的工作价值就是帮助发现和解决现场的问题。你不主动了解现场，与现场交流，怎么可能做到以现场为中心呢！

他们所做的，实质最多只能说是面向现场。就像一群工厂人员在池塘里捕鱼，岸上站了一群支持部门人员。他们最多在你逮到一条大鱼时，高喊一声"要装鱼的篓子吗"、更多的时候是池塘里的人弄得满身是泥，疲惫不堪；岸上的人却拼命地指点捕鱼的人员，说方法不对，应该如何如何——就是自己不下池塘。

▲（捕鱼场景）

以现场为中心，首先体现在将各级管理聚焦到现场。只有将眼睛紧紧盯着现场，经常到现场观察和交流，才能锻炼管理者的洞察力和判断力，做出符合现场的有效决策。必须转变传统层级管理的官僚习气：平时不关心现场，喜欢看报告，热衷于高谈阔论，脱离现场，陷入空想和偏见。

以现场为中心，还体现在将公司资源优先配置到现场，将优秀的员工和足够的预算放到现场。如果嘴上说着以现场为中心，当现场改进和产品规划都需要钱的时候，却将现场改进放到一边。现场除了生产工人，看不到管理者的踪迹。业务部门人浮于事，却在不断招人。这种做法是永远不可能管理好现场的。

2．提高现场的地位

在传统的企业中，经常可以看到这样的现象：

现场出现问题，现场人员求着业务部门的人员到现场，这些人好不容易下到现场却常常是指手画脚，现场人员头低低地听取指示，然后继续老老实实干活。

业务部门平时忙于召集会议：同一件事情，规划部门开一次会，质量部门开一次会，人力资源部门还要开一次会。当然，每个会议少不了现场人员的陪衬，毕竟会开完事还得让他们来做。于是现场人员成天赶流水席一般到处赴会，疲于应付。

我们提倡以现场为中心，现场人员是业务部门的客户。哪有让现场人员受这种委屈的呢？

以现场为中心，关键是提高现场的地位。怎么提高呢？其实很简单：现场出现问题，比如零件装配不合。不要说我正在研究一个新工艺，你先临时用锤子敲一敲，一个月后就好办了。这都是不可能的，一个月后拿出的东西十有八九还是漏洞百出的。最好的办法就是赶快到现场来，与现场人员一起讨论如何解决。只有专业人员与现场人员进行团队协作和持续改进，问题才能够最终得到圆满的解决。

有什么问题实在需要开会讨论的，也要由现场人员组织会议，让业务部门到现场参加，然后帮助解决问题。

只有现场的地位提高了，现场人员的声音才会足够响亮，现场管理才会真正得到落实。

3．三现主义

所谓"三现主义"是指现场、现实、现物——即一切从现场出发，针对现场的实际情况，采取切实的对策解决。

有一家公司从合资公司聘请了一位职业经理人。经过一段时间的了解，他感觉公司到处都是问题，于是借鉴合资公司的管理体系提出一个大胆的改革方案。可是实行没多久，就发现问题成堆，最后不了了之，这位职业经理人也离开了这家公司。

这位职业经理人犯了严重的主观主义错误！这家公司有问题不假，但是，他既没有深入调查问题背后的原因，也没有考虑公司的现实条件。

这个错误也不能简单地归结为职业经理人，根本原因在于公司缺乏深刻的"三现主义"意识。

借鉴合资公司的先进管理知识与经验，是好事，但是不能照搬。企业没有先进的管理知识与经验，管理就没有系统和方向；但是，不能结合企业自身特点，管理就会脱离实际。

每个企业都是具体的，是在历史中形成的。精益经营理论离开具体的企业、缺乏历史眼光地看待现场，就只能是抽象的概念，失去依附，变得毫无意义。

同时，企业的一切业绩都是在现场干出来的。再先进的理念和设计，如果离开现实，都不能落地，都会变成梦幻的泡影。

4.流畅制造的五个步骤

两个台阶比较宏观，在实践中有必要细分为以下五个步骤，以精准地对应企业现状并聚焦目标。

首先，企业需要解决流动化的问题。如果企业的工艺布局松散、孤立，生产过程就很难联系紧密，就将造成大量在制品、搬运的浪费。工艺布局流动起来后还需要理顺工序流动，尽可能平衡节拍、追求一物流。

其次，企业需要解决稳定化的问题。让现场人员、机器、物料、方法、环境等五个要素稳定下来，消除瓶颈和异常波动。

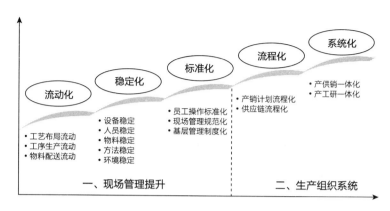

（流畅制造的五个步骤）

然后，企业需要解决标准化的问题。推动员工操作标准化、现场管理规范化、基层管理制度化，以巩固稳定化的成果。

以上三步主要在于提升现场管理水平。此三步达成，意味着现场管理比较成熟。进一步的发展，将着眼于流程支持和体系保障。

流程化的关键是生产计划与物料控制。首先是建立并贯彻从订单到交付的产销流程，其次是拉动供应链流程建设。

系统化的关键是拉通横向、纵向两条线。其一是产供销一体，即将销售、生产、供应作为一个整体，有效处理市场需求与制造资源的矛盾，追求制造资源效能的最大化；其二是产工研一体，将生产、工程、研发作为一个整体，贯彻产品研发、工程、生产的整个项目周期，从而缩短项目周期和提高项目质量。

（二）生产组织系统

生产组织系统是一个面向顾客，能够迅速对顾客需求做出响应，并有效满足顾客要求的生产组织与保障系统。

1. 准时制

准时制是丰田公司在管理实践中形成的基本生产组织理念。意思很简单：就是在准确的时间、准确的地点，为客户提供数量准确且质量可靠的产品。

准时制说起来很容易，实现起来却并不轻松，需要生产组织系统拥有迅速满足市场需求的能力和快速适应市场变化的能力。

准时制产生以前，企业普遍满足市场需求的办法是预测，即根据市场预测制订计划、组织生产，我们称之为推动式生产。这种方式也能够满足基本的市场需求，但是需要大量的库存和客户的耐心等待。

由于大量库存的存在，企业的生产组织就显得非常臃肿。庞大的库存掩盖了市场与生产的矛盾，大家可以慢条斯理地根据计划组织生产，大可不必关心市场需求。

准时制则是要给臃肿的生产组织瘦身。它要生产直接面对市场，并让市场需求的缰绳紧紧地拉动生产组织系统，使生产组织系统不能有丝毫的懈怠。

仅仅让市场拉动生产，还不能真正实现准时制。市场是多变的，如果连接市场的链条过于脆弱，就会在变化的市场拉动下发生断裂。因此，准时制不仅仅具备满足市场的能力，还应该有迅速适应市场变化的能力——柔性。

这里所讲的柔性，是指企业能够根据市场变化做出相应调适而保持生产组织有序和高效的能力。这主要取决于两个方面：其一是让每个生产组织单元都具备相当的应变能力，如快速换产、柔性作业单元、小批量生产等，只有每个单元都具备这些有序适应变化的能力时，生产组织才会有游刃有余的操作空间；其二是快速的生产组织协调，当市场发生变化时，生产组织能够立即形成应变策略和行动，并能够有效协调各生产组织单元相互配合和共同行动。当生产组织建立起一整套支持准时制的柔性机制时，企业就可以做到顺时而动、敏捷高效。

准时制就像企业的体操，只有始终在市场的风浪中坚持锻炼，才会练就准时制的本领。一旦停止锻炼，就会迅速变得臃肿而无法适应变化。

2．贯彻企业价值流的产销流程

《第五项修炼》（彼得·圣吉著）一书中有一个颇有启发的啤酒游戏：游戏中包含了客户、零售商、批发商和制造商这四个基本角色。

根据游戏规则，在正常情况下，零售商每周大约可以售出4箱啤酒，通常备有大约12箱的库存，零售商需要根据本周的销售量确定下周的订货量。批发商每周给零售商送一次货，并与零售商确定下周的订货量。制造商每周会向批发商询问订货量，但要4周后才能将批发商所订购的货物送到。由于市场很稳定，这种状况一直维持得很好。

可能是由于气候的突然变化或者促销活动的开展，该啤酒的销量突然开始向上攀升。为了补足库存，零售商不得不增加订货数量。相应地，批发商也会增加订货数量，制造商则会增加产量。由于从订货到收货有一个时延，因此零售商的库存在此期间将会随着销量的攀升而急剧下降，紧急时可能造成缺货。这种缺货恐慌同样会向上游的批发商、制造商传递，于是订单数量急剧膨胀，直至制造商发挥其最大产能也无法满足解决市场缺货的问题。市场的需求不可能一直增长下去，一段时间后，市场需求下降，此时大量的订单却被制造商加班生产出来并被源源不断地发运到批发商、零售商那里，结果又引起了新一轮的库存积压恐慌。

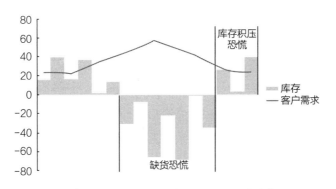

▲（因时延造成的需求与存货之间的失真）

这个例子反映的问题是现实存在的。尽管零售商、批发商和制造商都付出了艰辛的努力,但是他们却无法摆脱缺货与库存的恐慌。这并不是任何一方的错,而是系统存在问题。

首先,零售商、批发商、制造商存在局部思考,彼此之间没有任何沟通,任何一方都是根据客户订单和自身的库存决定自身的订货量。这样一来,订单与库存就在交货延迟的作用下陷入了恶性循环。

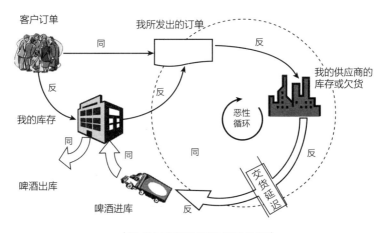

▲（需求与库存失真的原因分析）

其次,从订单到交货存在一定的时延,这种时延越大,断货与库存恐慌就越严重。如果从批发商到零售商的供货周期不是一周,而是两天,则问题要好得多。

最后,从制造商到客户的供应链较长。客户的信息传递到制造商需要经过零售商、批发商等多级库存修正,最后传递到制造商那里时已经严重滞后与失真了。如果是制造商直接面对客户,这个问题就要简单得多。

啤酒游戏所揭示的正是企业产销流程的问题。

以价值流的观点来看,产销流程包含了作业流、物流和信息流。在啤酒游戏中,客户需求信息、零售商、批发商的订单信息,就是信息流;而制造商向批发商供货、批发商给零售商供货的过程,就是物流;零售商出售啤酒的过程、批发商对啤酒进行再包装和分发的过程、制造商生产啤酒的过程就是作业流。

当然，产销流程中的作业流、物流、信息流并不是孤立存在的。从整个价值流的角度来看，它连接了客户、经销商、制造商、供应商等供应链组织；从企业内部价值流的角度来看，它连接了营销、制造、采购物流等业务部门。要想实现简洁、高效的产销流程，就需要用价值流的眼光系统思考：

其一，集成客户、经销商、企业内部、供应商的信息，集中决策，统一协调。

其二，采用拉动方式，降低时延，如缩短制造周期和提高配送频次等。

其三，减少产销流程的处理环节，让生产组织系统直接面对市场。

LCA50000000000000492
流畅制造

LCA50000000000000535
互联网+暗灯系统

第二节 制造质量

质量是满足客户要求的产品、过程、体系等固有特性的能力。

质量是制造出来的,不是检验出来的。产品质量的优劣并不取决于检验,而是取决于制造的每一个过程。

一、制造质量基本理念

将质量管理融入制造过程中,在制造过程中求质量,这就是制造质量。制造质量是现代制造的基本理念,是适应现代科技发展和市场近乎完美要求的必然选择。

(一)我们面对的质量世界

在20世纪60年代,电子产品的不合格率在10^{-2}级,大致是3个西格玛的水平。

到了20世纪70年代,电子产品的不合格率在10^{-3}级,大致在4个西格玛的水平。

进入20世纪80年代,电子产品的品质产生了一个飞跃,达到10^{-6}级,大致是6个西格玛水平。

而跨入20世纪90年代,电子产品的品质更加提升,开始向10^{-9}级迈进,这意味着几乎没有缺陷产生。

为什么会出现这样的趋势呢?

在20世纪60年代,电子产品并不复杂,都是由单个的电子管/晶体管构成的，即使坏了，还可以再换，问题不算太大。

到了20世纪70年代，集成电路开始大量应用，电路变得更加复杂，合格率不进一步提高将很难保障产品的质量。

进入20世纪80年代，随着电子技术的发展，大规模集成电路和超大规模集成电路开始被广泛使用，这种集成电路，少则有几千个元件，多则有上万个。90年代以后，集成电路的元件甚至有上亿个，其中任何一个晶体管失效，都会导致整个集成电路报废。如果没有与之相适应的质量管理系统，那要如何满足客户的要求？

（二）可怜的上帝

每年6月是K公司的传统销售旺季。现在正是阳春三月，K公司紧锣密鼓地启动了一个新产品。为确保在6月前能够正式投产，公司高层召集各部门经理召开了一个誓师大会，在会上反复强调了项目的重要性，并一一询问各部门是否有困难。

各部门经理随后在部门内部又组织召开了宣贯会。几天后，各部门分别以6月为目标节点制订了行动计划。

6月的销售旺季马上就要到了，项目进展并不顺利。公司领导于是发出最后通牒：谁阻碍了项目，谁走人。

于是各部门又是一阵忙乱。

6月到了，新产品在稍纵即逝的市场形势面前勉强启动了。

不幸的是，3个月后发现产品存在致命的质量问题。

于是，K公司发起了"金秋爱心服务大行动"，派出一批批工程技术人员在售后服务网点开始了密不告人的质量大检修。

众多消费者就这样在对新产品的热切追求中，稀里糊涂地给K公司当了一次产品试验田。

（三）质量首先是观念

在企业管理领域，关于质量管理的名词数不胜数——失效模式及后果分析 FMEA、统计过程控制 SPC、设计面向制造 DFM、质量功能展开 QFD、全面质量管理 TQM……在书店里，几乎每一个名词都可以找到专门的书籍。大量似是而非的质量管理方法，诱惑了许多管理者，也迷惑了不少管理者。

的确，从福特公司聘用专门的检验人员开始到现在，质量管理水平确实发生了天翻地覆的变化。

质量管理方法越来越多并不是什么坏事，但我们应该看到：从检验质量管理到统计质量管理，再到全面质量管理、六西格玛管理，本质的变化并不在于方法的丰富，而是观念的变革。

统计质量管理之所以较检验质量管理有所进步，就在于它认识到了质量是一种具有统计规律的能力，可以用统计观念分析和提高质量能力。

全面质量管理之所以较统计质量管理有所进步，就在于它认识到质量是一个涉及企业每一名员工、每一个过程的系统问题，需要全员参与和系统思考。

六西格玛管理之所以较全面质量管理有所进步，就在于它认识到现代科技发展，任何质量缺陷的代价都是巨大的，需要树立对缺陷不妥协的态度，一次将事情做好。

没有观念的进步，只追逐方法并不能改变质量命运。应用质量方法首先应该思考方法背后的观念和思想。

（四）制造质量的两个含义

质量是制造出来的，质量是制造的影子，不能独立于制造而存在。它包含了两层含义：

第一，设计面向制造。由于专业的偏见，我们习惯于将设计和制造割裂开来，并没有意识到设计就是为制造提供服务。

如果设计不能基于制造现实而设计，不具备可制造性，那设计得再完美，也是空中楼阁，对于客户来说毫无价值可言。

第二，质量融入制造。我们常常不自觉地将质量和制造对立起来：质量问题增多，那就加强控制；控制效果不好，那就努力完善控制方法或者寻找更加先进的方法。这种逻辑的出发点就是：增加质量资源就可以提高质量。

质量问题就一定是控制得不好吗？控制得不好就一定是方法不好吗？我们要想想问题的源头在哪里？比如，通常的汽车制造，从冲压、焊接、油漆到总装，有几千个作业项目，但检验项目一般不超过一百个。如果我们不从制造过程中寻求解决之道，那我们怎么能拍着胸脯告诉客户：买我们的车吧，没问题！

最好的办法就是将质量融入制造过程。不断完善制造过程，质量问题自然就减少了。

二、制造质量的关键要素

制造质量包含质量系统管理、质量标准、早期设计集成、精益制造工程、制造过程认证、过程控制、质量信息这七个方面。

如果将制造质量比作一辆汽车，那么，早期设计集成、精益制造工程、制造程序认证就是汽车的车身系统，决定汽车的基本结构；质量系统管理、质量标准就是汽车的动力系统，为汽车运行提供可靠的动力保障；而过程控制、质量信息则是汽车的操控系统，确保汽车在行驶过程中始终朝向质量目标。

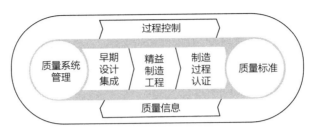

▲（制造质量核心要素框图）

（一）质量系统管理

质量系统管理是指对质量组织、流程、制度等的规划与运行管理，目的就是定义并规范质量行为，有意识地运作，从而让客户满意或超越客户期望。

质量系统管理主要包含质量组织与职责、质量资源分布、产品质量改进、供应商质量管理、ISO9000等方面。

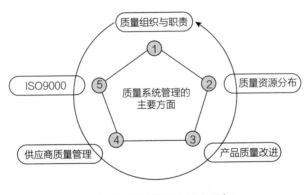

▲（质量系统管理主要方面）

1. 质量组织与职责

质量组织和职责可以比较清晰地界定公司各组织的质量职责，这样有利于比较系统地规划车间、质量管理部门、技术支持部门、供应商质量管理部门等的功能，合理分配职责。合理的质量组织和职责的设计避免了传统的将质量职责集中在质量管理部门，比较合理地分配了职责，从而提升了质量管理的效率。据统计，精益公司的质量人员只占公司员工总人数的5%~6%。

质量不是质量部门的事情。质量问题的背后一定是技术问题、生产问题、设备问题等，这些都不是质量部门擅长的工作。因此，解决质量问题的职责应该包含所有涉及质量的业务部门，质量部门则主要是规划和维护质量系统的运行，确保所有的业务活动建立在良好的质量系统中。

以下提供一个制造企业质量组织与职责的范例，它反映了关于质量组织与职责的原则。

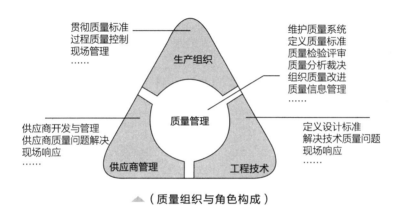

▲（质量组织与角色构成）

2. 质量资源分布

质量资源分布（Quality Resource Deployment）是研究检验项目、质量人员、控制方法等资源合理分配的方法。质量资源都是非增值的，关键并不在于质量资源数量的多少，而在于如何分配。如，同样的检验项目在不同的地点检验，其有效性和效率常常是不同的。

有效的质量资源分布取决于以下两个方面：明确哪些项目需要质量控制，如何分配合适的质量资源才能达到质量控制的目的。主要方法是：

（1）质量风险的识别与控制　我们到便利店购买一瓶矿泉水，一定是拧开盖子毫不犹豫地喝下去。水的质量对人体非常重要，但是我们不会检测它，因为我们认为它不存在风险。

质量风险由质量问题的发生概率、可探测性，以及危害的严重程度三者决定。

潜在失效模式及后果分析（Potential Failure Mode and Effects Analysis，PFMEA）是一种用于质量风险识别与控制的专业工具。它通过风险顺序数（Risk Priority Number，RPN[⊖]）评估质量风险等级，并指导使用合适的控制方法降低质量风险。

潜在失效模式及后果分析（过程FMEA）

项目名称	电镀质量改善项目			工艺责任		杨永强	FMEA编号		MX-01-06A		页码	第1页	共1页			
型号	前叉管			关键日期		2006.7.31	编制人									
核心小组	杨××、李×、罗×、施××、魏××、秦××、黄××、兰×						编制日期		2006.8.2		修改日期					
过程功能/要求	潜在失效模式	潜在失效后果	严重度S	级别	潜在失效起因/机理	频度O	现行过程控制		探测度D	风险顺序数RPN	建议措施	责任和目标完成日期	采取的措施	措施结果			
							预防	探测						严重度	频度	探测度	风险顺序数
粗磨半精磨精磨光磨	刀口缺陷	报废	6	B	砂轮脱砂，冷却液里含有砂粒	6		过滤装置	8	288	确定滤网的目数，TPM						
	表面粗糙度不合	返工	4	B	冷却水流量不够。砂轮目数不对。转速（速度）不对	5		过滤装置	8	160	确定滤网的目数，TPM						
	"圈圈"划痕	返工	4	B	布其带磨损	5		?	8	160	TPM，记录使用时间						
	外径不对	影响装配	6	B	进刀量不对	3		产品检验	8	144	产品检验，制订SOS，工艺纪律检查3次/日						

（失效模式及后果分析案例）

（2）标准控制流程　标准控制流程是对整个公司质量资源与控制方法进行全景分析的目视图表。

标准控制流程根据风险控制的需要采取防错、控制图、过程监控、检验、返修等不同的控制方法，以从全局的高度重新思考公司的质量资源效能，并指导改进。

标准控制流程在应用中通常分为现状标准控制流程图和未来标准控制流程图。现状标准控制流程图用于分析当前公司质量控制流程，以便发现质量控制的主要风险和问题；而未来标准控制流程用于描述质量资源重新优化

[⊖] 风险顺序数 RPN ＝严重度（S）×发生度（O）×探测度（D）。

配置的目标，指导持续改进。

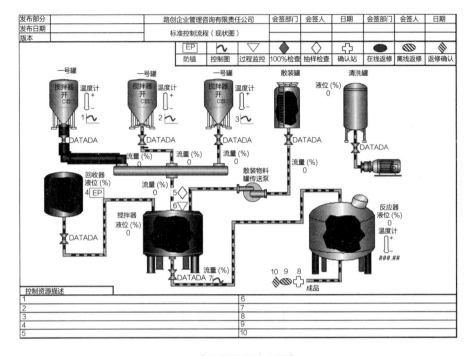

（标准控制流程图）

3. 质量改进流程

质量改进流程（Quality Improvement Process，QIP）是对产品质量进行问题解决和持续改进的流程。

质量改进流程是质量改进的中心环节。产品在生产的整个生命周期中，必须不断改进，以提高质量水准并降低成本。

质量改进流程可以分为三层：

第一层：现场发现和识别问题。质量改进的目的是提高客户对产品和服务的满意度，因此，首先必须深入现场，通过内部质量反馈（生产现场）和外部客户反馈（销售及服务现场）来获取第一手的质量信息，并站在客户的角度，倾听客户的声音，识别客户对产品和服务的意见和抱怨，找出正式的问题。

第二层：分析和优先问题。企业的资源是有限的，为了提高质量改进的效果，应按照二八原则，首先对那些关键的少数问题优先组织资源予以解决，方能收到事半功倍之效。问题排序应取决于该问题给企业带来的不利后果的程度。这里所说的不利后果，除给企业带来的直接经济损失外，还应包含对品牌的不利影响。

质量改进是一个持续的过程，主要矛盾解决后，次要矛盾将会上升为新的主要矛盾。始终抓住主要矛盾，是质量改进工作高效开展的指导原则。

实际应用中，可通过在线响应流程、质量信息拉动系统、质量审计等方法分析问题，并根据问题的性质和大小分层、分类处理。

第三层：实施跟踪问题。根据问题优先安排，应该组织相应的团队和配置必要的资源，为问题解决提供组织与资源保障。针对每个问题，都应该有短期措施和长期对策，以遏制问题并从根本上解决问题，杜绝问题再次发生。为确保质量改进过程高效可控，还需要建立标准的跟踪和验证流程，以确保问题得到有效解决。

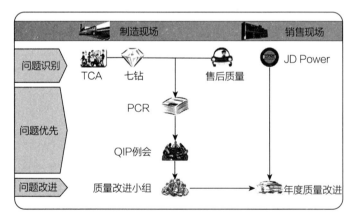

（质量改进流程图）

4．供应商质量管理

现代供应商质量管理是共享供应链质量资源、引导和支持合作伙伴共同实践制造质量的过程。供应商质量管理是一个贯彻从供应商进入直到退出的整个生命周期的伙伴关系发展过程。

伙伴关系培育大致有三个层次：商业合作关系、互利共赢关系、协同分享关系。

▲（供应商伙伴关系三个层级）

商业合作关系，即普通的买卖关系，秉持开放、自由、公正的原则。

随着合作关系的深入，双方发现，建立共同目标、发挥优势、长期合作，并共同应对日益复杂多变的需求，将更有利于降低交易成本，分享合作成果。于是，商业合作关系发展成互利共赢关系。互利共赢的关系可以有效实现产品、技术、服务的一体化，如传统的汽车企业自己生产车身油漆，而商业合作关系是向油漆供应商购买油漆，然后由汽车工厂自己进行涂装作业，由于汽车企业通常对油漆黏度、配比等工艺并不专业，导致生产质量和效率损失较大。现在的汽车企业不再单纯购买供应商的油漆，而是同时购买供应商的技术与服务，让油漆供应商的专业人员进入汽车工厂，与汽车工厂的人员一同工作，生产合格的车身油漆，然后按照合格车身计算费用。这样一来，汽车工厂减少了成本，油漆供应商提高了收益，两全其美。

随着互联网的发展，产业生态系统由传统的链状关系逐渐改变为网状关系：企业与客户的关系越来越直接，客户可以就需求，通过互联网与产业链上的任意企业进行直接沟通，从而将传统的经销商到主机厂、再到供应商的客户链变成客户与企业群之间的协作网。于是，经销商、主机厂和供应商，开始在网络平台的推动下自由联合、同步协同、快速响应，三方形成能够分享成果的协作分享关系。如正在蓬勃发展车联网平台，便将车辆在线检测、维修服务、配件销售等融为一体，用户可以方便地选择服务，主机厂可以建立汽车大数据，形成全生命周期的汽车质量监测和服务监管，更好地管理供应商和服务客户，供应商、服务商则形成线上接单、线下服务的新型服务模式。

5. ISO9000

ISO9000 体系是国际标准化组织为规范国际商业活动有关质量的定义、概念，以及术语等的标准体系。ISO9000 作为一个面向全球商业活动制定的一系列严谨的标准体系，集成了国际质量活动的大量优秀成果，是一个非常值得企业遵循的质量管理标准。

遗憾的是，很多企业通过了 ISO9000 认证，却没有真正给企业带来切实的管理成效，反而引发了 ISO9000 与企业管理实践不对应的现象。原因在于，ISO9000 是一个质量标准体系，主要用于衡量一个企业质量管理所处的水平，而企业却将其当作企业的质量管理体系。ISO9000 就像选美比赛中用身高、三围、脸型等给选手评分的评价标准。选手如果为了达到选美标准，而采用隆胸、整容、吸脂等办法迎合选美标准，也许选美能过关，但人却不一定健康，较为科学的办法应该是加强锻炼和均衡营养等。

同样，质量管理水平的提高应该通过企业管理方法和管理能力的提升最终实现，ISO9000 只是检验自身质量管理水平的一面镜子，而不是指导企业行为的教条。只有这样，ISO9000 才会与企业管理实践有机地统一起来。

（二）质量标准

质量标准是质量管理的基础，是质量检验的准绳。

质量标准是用于指导现场员工识别和判断产品质量的标准。许多公司直接将设计标准作为指导现场的标准。这样就有一个问题，设计标准是面向工程的，使用的是工程语言，现场员工很难识别和判断，所需的测量系统也比较复杂。如描述一种颜色的工程术语是"深红色（R200，G0，B0）"，现场操作人员就很难看得懂，而且无法操作，因为实际判断时，每个人眼中的红色是不一样的，同一个员工辨识的变动范围也很大。如果将这个设计标准转化为一个标准色卡贴在现场，说明哪个是可接受的，哪个是不可接受的，那么员工操作起来就非常简单。

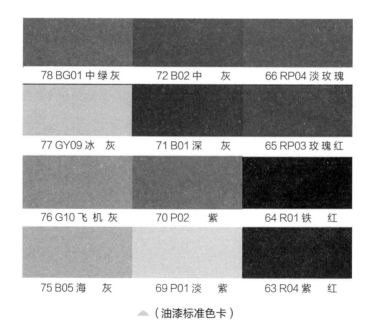

▲（油漆标准色卡）

根据实际需要，质量标准的表现形式丰富多样，常用的有产品质量标准、质量检验标准化操作单、质量边界样板，以及全面客户评审等。它们通常可以通过比较简单的听、看、闻、触摸等方法识别。

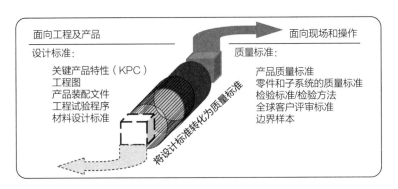

▲（设计标准与质量标准比较）

1. 产品质量标准

产品质量标准来源于产品图样、产品装配文件、作业指导书等设计文档，是质量检验与质量问题识别的基础。

通常，产品质量文件针对单个产品（同一系列的不同型号可以合并）编写成册。一份产品质量标准包括若干检验项目，并对检验项目的标准、重要等级、检验方法、检验频次等进行规范，为表述清晰明了，一般还辅以图示说明。

检验项目编号				适用产品		编制		第　页
检验项目主题			产品质量标准			审核		共　页
参考工艺文件						会签		
检验项目	检验标准		检验图示		等级	检验方法	检验频次	备注
14.发动机皮带路径标签 14.1 位置			14.1		A	目测	100%	质量部
14.2 说明	不脱落和无皱纹		14.2		A	目测和触摸	100%	质量部
参考	No.		更改记录		日期	批准	主管	工程师
PAD 45000239								

▲（产品质量标准示例）

2. 边界样本

质量标准样本是一种质量目视化标准,用来帮助用户界定能够接受的最低限度的产品质量水准。

边界样本的目的就是指导现场的员工,在现场操作时评估自己的工作质量是否违背了最低限度的质量水准。

通常,边界样本同时说明最佳质量状态和临界不可接受质量状态,以方便现场员工识别和判断。

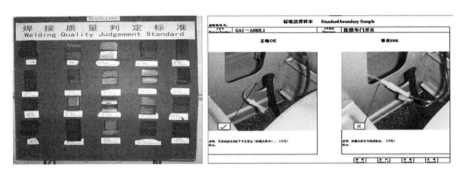

(边界样本案例)

(三)早期设计集成

早期设计集成是在早期产品及工艺开发阶段,充分考虑设计与制造相结合。其目的是根据当前状况和以往的经验来确保新产品、新工艺能够方便地在生产中实现。早期设计集成主要包含质量前期策划和设计面向制造两个方面。

质量先期策划是在新产品、新工艺开发启动伊始,就准确把握客户需求,明确质量目标,并确定实现所需的流程与资源。质量先期策划是一个过程,贯穿新产品、新工艺开发的整个过程,包含策划、产品设计和开发、过程设计和开发、产品与过程确认、反馈、评定和纠正措施等五个阶段。

设计面向制造主要研究产品本身的物理设计与制造系统各部分之间的相互关系，并把它用于产品设计中，以便将整个制造系统融合在一起进行总体优化。设计面向制造可以降低产品的开发周期和成本，使之能更顺利地投入生产。

设计面向制造是一个设计理念，强调设计必须基于制造现实。在现实的制造基础上，而不是从理想的设计中寻求实现客户需求的办法。一个好的设计，并不在于设计有多先进，而在于设计与制造现实的有机结合，以尽可能低的成本和尽可能高的可靠性，提供令客户满意的产品和服务。

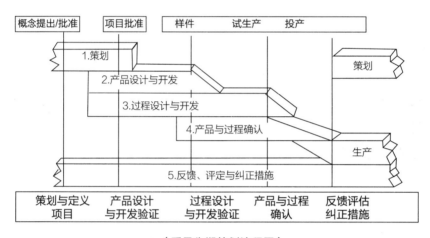

（质量先期策划流程图）

（四）精益制造工程

精益制造工程就是设计与改善工程系统。具体来讲，就是根据以往的历史经验及未来的产品要求对工具、设备、工艺流程、工艺布局等进行持续改进，以达到制造需求和未来发展的工程方法。

精益制造工程应该将工厂的实际情况与信息化、智能化有机结合起来，合理地实现以下六个方面的目标：

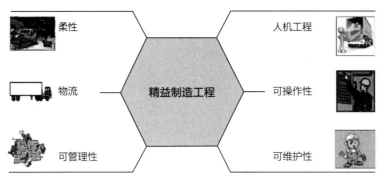

▲（精益制造工程六个要素）

生产的过程同时也是一个物料流动的过程，因此物流是制造工程优先考虑的课题。很多企业在设计工艺布局、工装设施时，急于考虑设备如何布置、物料如何摆放等问题，用完全静态的工程理念指导设计，结果设备也许摆得很整齐，物流设施的功能也很强大，但是物流线路纵横交错、物料堆积如山。精益制造工程就是将物流规划融入工业工程，实现工艺流与物流的紧密结合，如：合理设置一物流、拉动系统、缓冲区和配送频率，并以此指导工业工程设计。

人机工程就是实现人和机器及环境的友好互动，确保安全、质量并提高效率。例如，减少生产过程中的弯腰次数、降低生产现场的噪声、增强现场员工的视线等。

可管理性就是让管理人员很好地实现高效的管理，如车间办公室是否靠近现场，现场是否有让员工开放交流的区域，是否有出现问题后及时寻求支持的暗灯系统等。

可操作性就是让设备、工具等适合员工操作，并且简单易学。

可维护性就是让设备、工具等便于监控以及维护保养，如在工程设计中保留维修通道、设计专用维护装置等。

柔性就是让工程系统能够适应多品种生产，并根据需要快速提供产品。比如，现在许多汽车焊接线，只要产品平台不变，切换一个新车型非常快捷，只需更改很少部分的设计就可以生产新的车型，有的生产线还可以同时生产多种车型。

（五）制造过程认证

制造过程认证是指新系统启动/新产品批量生产前准备，验证制造能力和稳定性的流程和方法。其目的是在推进项目进度的同时，确保每一个制造程序都能够达到产品质量标准的要求。

制造过程认证涵盖了整个新系统/产品的生命周期，包括了新系统/产品启动前的质量策划、启动过程的认证，以及启动后的质量控制等。新系统/产品启动前的质量策划将为制造质量提供良好的先天禀赋。在新系统/产品启动时，要对整个系统进行认证，如系统填充、工位准备、加速、质量阀门等。在新系统/产品正式运行后，制造过程还会因为客户、系统改进等因素，需要变更系统/产品，这些变更也需要有相应的制造认证，通常有临时措施（针对短期行为，有有效期限制）和长期对策（如工程更改）两个方面。

1. 制造过程认证从工位准备开始

工位是现场的细胞。只有每个工位的人、机、料、法、环符合制造要求，才能确保制造出符合客户要求的产品。

基于工位的制造过程认证就是按照标准化的流程对每一个工位进行现场验证，所用的方法就是工位准备。它包含了紧密相关的六个步骤：

▲（工位准备流程图）

第一，需要倾听客户的心声，将客户的要求转化为指导制造的质量标准。

第二，对照质量标准，组织团队到现场逐个识别工位中零件、工装、工艺、操作、环境等方面存在的问题。

第三，梳理问题并形成标准的问题清单，逐项解决。

第四，定义工位准备清单。根据每个工位的特点选择相应的管理方法/工具，如：标准化操作、5S、目视管理、全员生产维护、边界样本、防错等。将这些方法以清单的形式在布局图上对应位置罗列出来，称之为工位准备清单。

第五，实施绿化工程。在工位准备之初，工位准备清单上的每一个项目都用红色圆点标识。当一个项目达到要求，则贴上绿色标识。当所有红色圆点变成绿色圆点后，整个生产准备就算大功告成。

第六，工位准备是一个持续改进的过程，不能一劳永逸。不仅在新生产系统/新产品诞生时要开展工位认证，当生产过程出现问题或者要求、条件发生变化，也可以开展。

2. 以过程能力作为制造过程认证的衡量标准

很多企业向客户提供的样品是非常不错的，但是一旦批量生产，就完全不是那么回事了，因为样品并不是在批量生产的环境中制成的，而是用专门的人员、特别的工艺和特殊的资源生产的，所以根本不能凭借样品来评价企业的制造能力。

制造工业产品不是制造神舟飞船或者航天飞机，可以集中大量人力物力生产少数几个产品，以确保万无一失。工业产品必须是在规模生产条件下生产出高品质的产品。

制造过程认证，也必须是着眼于在批量生产的条件下满足客户的要求，而不是简单地看看造出的产品。这种能力的具体衡量标准就是过程能力，即在批量生产中不施加特殊因素所保持的固有能力。如果通过大量的返工返修，或者降低生产效率等手段使产品符合客户要求，就不能说具备过程能力。

在制造过程认证过程中，通常使用控制图、集结图等工具分析和诊断某一产品或工序的过程能力，并用 CPK[①]、PPM[②] 等指标进行度量。它们可以帮助我们更加科学和准确地评估过程能力并识别问题。

（六）过程控制

过程控制是指在各工位上贯彻预防、检测、遏制的原则，实现制造质量的控制方法。过程控制的目的是将制造质量深入到制造过程的每一道工序中。

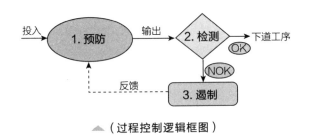

▲（过程控制逻辑框图）

1. 预防

质量控制的关键是预防。

预防的方法就是通过控制人、机、料、法、环等五个方面，来达到不制造缺陷的目的。

典型的预防的方法有：

①标准化操作：让员工遵循并不断改进标准化工作。

---

① 过程能力指数（Complex Process Capability Index），是指过程能力满足产品质量标准要求的程度。

② Parts Per Million 的缩写，意思是"百万分之……"，一般指产品的不合格率。

②防错：通过设计简单易行的防错装置与方法，杜绝人、设备、流程的过失造成的错误。

2. 检测

检测可以确认工作质量、识别问题，为持续改进提供决策依据。

常用的检测方法有：

其一，自检，员工严格执行"三不"原则。如果员工在装配过程中发现任何与质量标准不符的零件，应该将它放置到可疑物料区，不接受供应商传递过来的缺陷；如果发现装配有问题，应该及时启动暗灯，寻求班组长的帮助，以确保缺陷传递不到客户手中。自检工作内容应该包含在标准化操作单中。

其二，质量确认站。质量确认站是根据质量资源分布的要求，设立专门的检测岗位，对关键质量项目进行100%检查，确认产品质量达到了要求。

其三，其他专项检测方法。根据质量资源分布，在相应岗位应用专项检测方法，如班组长3×3×3、首检/末检、工艺纪律审计等。

3. 遏制

遏制是指当发现问题时，通过管理系统控制问题扩散，并最终解决问题的方法。遏制可分为在线遏制和离线遏制两种。

在线遏制是指不让问题流出现场便解决问题的遏制方式。在线遏制可能需要停线解决问题，待问题解决后再重新恢复生产。应该让所有生产人员树立现场的观念，能够在现场需要帮助时，第一时间出现在现场并组织解决问题。

离线遏制用于无法在线遏制或者存在巨大损失时，必须遵循遏制程序，并有效跟踪问题解决。

离线遏制通常有离线返修、严重故障恢复等。

(七)质量信息

质量信息是指通过标准化的交流途径在企业内部进行交流,或者与客户和供应商对质量的期望值和绩效进行交流的媒介。其目的就是确保质量相关信息能够传递给需要的人,以便充分利用信息的价值并做出快速有效的决策。

1. 质量信息前馈/反馈

当发现质量问题时,应该按照质量信息前馈/反馈程序,迅速将信息传递给需要的人,以迅速采取措施遏制缺陷的继续产生和流动。

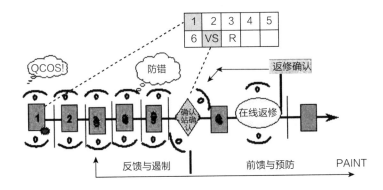

▲(质量信息前馈/反馈流程图)

质量信息前馈是指发现质量缺陷时,将缺陷信息向前工序传递,确认缺陷是否在前面生产的产品已经出现了,并采取措施补救。通常,应该向前追溯5~10个产品,同时报告前面的质量检验点,增加检验项目并对后续全部产品进行检查,直到确认问题已被杜绝。

质量信息反馈是指发现质量缺陷时,将缺陷信息传递给后面的工序,直到产生缺陷的工位;组织团队分析问题并制定措施,以根本解决问题。

质量信息前馈/反馈是现场横向信息沟通机制,需要在线进行,并迅速启动快速响应流程和问题解决流程。

2. 质量信息拉动系统

质量信息拉动系统是对质量信息进行统计分析，并应用质量信息拉动支持人员到现场解决问题的方法和机制。它体现了以质量为关注焦点、面向现场解决问题的思想。

质量信息拉动系统是贯彻"用数据说话"的具体方法。它将来自客户、制造过程和供应商的质量数据和信息进行逻辑分析或直觉判断，形成有效决策，拉动相关支持部门聚焦质量问题，促进问题解决。

3. 质量报告

质量报告是由公司发布的有关质量运行和监测信息的报告。例行的质量报告包括年度质量报告与月度质量报告等。根据需要，还可针对某个问题发布专项质量报告。

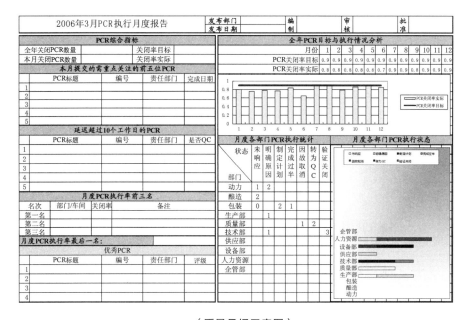

（质量月报示意图）

质量报告的目的主要是向公司各部门报告质量系统的运行状态，以及质量部门对质量信息的分析，提出问题和改进建议，为公司的质量决策提供支持。

三、制造质量的三个台阶

质量是满足客户要求的产品、过程、体系等固有特性的能力。制造质量是对产品、过程、体系进行策划、控制、评价和改进，以满足客户需求的全部活动。

制造质量建设是一个循序渐进的成长过程，大致可以分为过程质量建设、质量系统建设、供应链质量建设三个阶段。

三个阶段的重点有所不同：过程质量建设重点在现场管理提升，质量系统建设重点在专业能力培养，供应链质量建设重点在供应链质量资源与能力的整合。

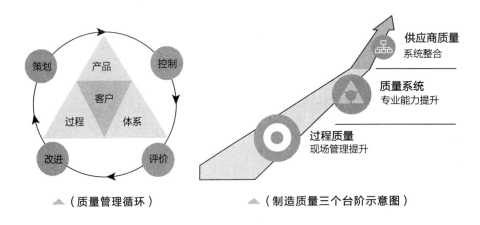

▲（质量管理循环） ▲（制造质量三个台阶示意图）

（一）从过程质量开始

很多企业深受退赔、投诉、返修之苦，于是下定决心、集中大量资源，要与这些深恶痛绝的质量事件决战一场。这样做的效果也很不错。但是，他们很快发现，自己就像救火队员一样，陷入一场又一场扑火战斗之中，无法自拔。

我们在两眼紧紧盯住这些决定企业生命的大事的同时，却忽视了质量缺陷金字塔：经验告诉我们，大约30 000个微不足道的瑕疵将可能产生300起客户抱怨，而300起客户抱怨将可能导致1起客户拒收的结果。

这些数量庞大的瑕疵，就在微不足道中被放过了。减少瑕疵并不需要太多的专业能力，只需要我们将眼光放在制造现场，从过程制造抓起。

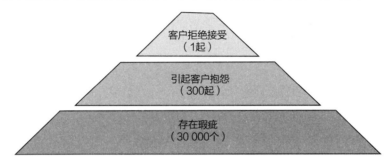

▲（质量缺陷与质量事故关系示意图）

过程质量就是将质量引入到工序，在每一个工序中贯彻预防、检测、遏制等方法，以保持稳定一致的质量，达到客户要求。

1. 发挥自主团队的作用

过程质量提升，首先是发挥基层管理者与一线员工的作用，建设一支充满活力与热忱的自主团队。只有他们成为现场质量的主角，过程质量才有牢固的基础。

首先，需要转变主管与工程师的角色，让他们从一名指导者转变为一名服务者。很多企业的主管/工程师的专业能力很强，他们设计了近乎完美的作业指导书、质量检验标准，但总是抱怨员工执行得不好，问题就出在他们没有站在员工的角度思考这些东西。在企业中，可能经常会碰到类似这样的事情，我们在作业指导书里清晰地要求"红色，色差"，结果还是生产了不合格品。应该说，从专业角度来看，作业指导书描述得足够清晰了，可是员工很难理解；即使员工理解了，我们也还要考虑是否具有可操作性。没有色差分析仪，凭肉眼判断是不准确的，但在生产过程中，让员工用色差分析仪检测每一个产品又不是一种可行的办法。其实帮助员工判断的办法也很简单，只要在现场放置一个色差的边界样本，员工就可以方便直观地判断了。真正的障碍不在于方法，而在于没有站在员工的角度思考。结果辛辛苦苦做了那么多的专业工作，却因为没有一个简单的边界样本而前功尽弃。

其次，要相信员工，发挥员工的主动性和创造性。员工最熟悉现场，最了解过程质量，他们的实践中蕴含了许多智慧。很多时候，解决问题的最好方法不是替员工想什么高明的办法，而是放手让他们去实践。例如在某汽车涂装车间中，改进前，由于对现场人员的不信任，所有工艺参数分析都由专门的工程师负责。工程师每班到现场抽样两次，然后回到实验室分析再反馈到现场，周期较长且频次较低，到了晚班由于没有工程师就放任自流，经常出现严重的质量事故。后来，车间做了一个大胆的决定：在工段现场设立实验室，由工程师教会班组长掌握采样和实验分析的方法来及时监控参数。由于班长自己掌握了检测技术，参数控制更加精准，严重质量事故便可以大大减少。

2. 关注"人机料法环"

过程质量不是抽象的，只要每一道工序的"人机料法环"是有效的，过程质量就一定是优秀的。

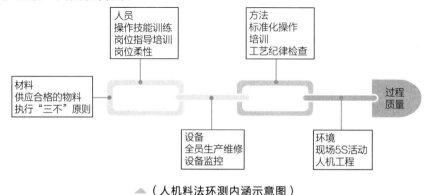

▲（人机料法环测内涵示意图）

很多管理者在遇到问题时，喜欢开会讨论、研究，结果使简单的问题复杂化。如果舍得花工夫到现场对工序的"人机料法环"进行深入分析，也许利用开会的时间就能解决问题了。

3. 贯彻"三不"原则

过程质量是靠一道一道工序的质量保障实现的。保障的方法就是贯彻"不接受、不制造、不传递缺陷"的"三不"原则。只要每位员工在自己的岗位上努力做到"三不"原则，一切质量问题的解决都将会变得非常简单。

（二）建立质量系统

过程质量是质量系统的基础，但单纯依靠现场进行过程质量管理是不够的。过程质量需要良好的质量系统加以支持，才能更加持续、高效地运行。

建立质量管理系统，需要企业整体设计和各部门共同参与，关键在于把握以下三点。

1. 塑造专业质量团队

质量系统是一种能力，无法通过加班加点、增加人手予以解决，需要长期的专业积累和团队培育。

根据我们的经验，塑造专业质量团队时需要特别注意跨界协同。

这里所说的跨界是指跨越技术与管理的边界。一个好的质量团队，不仅技术要精，而且管理要强。在上汽通用五菱工作期间，我曾经组织过一个统计过程控制应用团队，其中有一个课题是改善轮胎扭力的过程能力。刚开始，团队通过现场研究紧固工艺，指导工人改进标准作业，过程能力有了一定程度的提升。但在提升到一定程度后，无论如何改进方法，过程能力始终徘徊不前，达不到设计要求。在大家一筹莫展之际，有人提出对两个班次分开统计，并将过程能力改进成效纳入绩效。没想到这一招还真灵，两个班次开始了竞赛，他们自己利用统计方法发现夜班没有白班稳定，于是加强夜班管理；后来又发现在同样的操作下，铁钢圈和铝钢圈的紧固效果也不一样，于是主动提出铁钢圈和铝钢圈采用不同的扭力扳手和紧固方法。这一下，两个班组你追我赶，最后过程能力远远高于设计要求。由此看来，必须让质量人员明白，质量工作必须一手抓技术、一手抓管理，两手都要硬。

另一个是协同，即倡导不同业务领域的人才协同工作。很多"老大难"的质量问题，常常是因为造成问题的原因多种多样，解决时必须发扬各领域协同精神。有一家汽车企业制造的汽车长期存在前门玻璃异响的问题，刚开始以为是工艺问题，工艺工程师便重新调整装配工艺，结果效果不明显；于是推测是设计强度不够，加强了固定机构的强度，效果也不明显；找来竞争对手的同类产品，依样画葫芦，效果仍然不明显；后来，该企业专门组织攻关小组，由技术、质量、车间等部门的技术人员共同参与。在反复讨论中，涂装车间的技术人员提出一个意见，既然材料、设计、工艺都不行，是不是因为在涂装烘烤时，由于温差导致门框产生应力变形，从而改变了摇窗机构与门窗间的位置关系，造成异响呢？后来按照这个思路进行材料、设计、工艺改进，问题得到了圆满解决。涂装工艺看似与机械工艺没有什么关系，但如果不采用协同作战的方法，就很可能长期找不到根本原因。

2. 质量组织与质量资源

结构决定空间。相对质量系统而言，质量方法是要素层面的问题，质量组织与质量资源则是结构层面的问题。

质量组织就是科学有效地定义企业各部门的质量角色和质量职责。传统理念认为，"质量是质量部门的事情"；但事实上，质量部门是最不能承担质量责任的部门：论技术，它不如研发、工程等技术部门，论现场管理，它不如制造、车间等生产组织部门，论供应商管理，它不如采购、物流等部门，它所擅长的更多的是质量系统设计与维护、质量分析与质量判断等业务。只有各尽其责而又协调一致的质量组织，才是高效的质量组织。

上汽通用五菱在合资之前，采用的就是传统的质量检验控制方式。质量部门有200余名质量检验人员，层层设卡、层层把关，但质量状况并不乐观。

合资后，该公司按照GM-GMS（通用-全球制造系统）变革传统的质量组织并重新调整资源分布：首先，将质量部门从质量检验部门变为质量管理部门，将零件质量控制职能转入采购部门，将过程质量控制职能转入生产车间，质量部门只保留终线检验和入库检验。然后，系统地设立质量检验项目，根据风险等级对不同的检验项目采取不同的控制方法，不再一味地进行检验控制。最后，根据产品质量特点，将质量控制前移，尽量做到早期遏制质量问题，减少下游质量问题的发生。经过半年的努力，不仅质量检验人员数量下降到了100多人，而且质量水平一跃达到行业领先水平。

3. 致力于改进的质量管理流程

一个好的质量系统，不是没有质量问题的系统，而是能够有效识别质量问题并持续改进的系统。

质量系统的有效运作高度依赖于流程，因此，建立一个致力于持续改进的质量管理流程，是保障各专业团队共同工作的纽带，是驱动公司质量能力不断提升的引擎。

企业如果没有质量改进流程，就容易导致见事论事地解决问题，往往见树不见林，结果陷入问题的泥潭，眉毛胡子一把抓。因此，必须建立分层分类的质量改进流程：哪一类的问题由哪些部门解决，哪些性质的问题由哪一层管理者负责，哪些问题应该立即解决，哪些问题设立专题加以解决，哪些问题纳入年度改进解决，哪些列入长期攻关解决，等等。

（三）推动质量向合作伙伴拓展

在高度专业化、横向一体化的今天，企业的零部件成本和工程服务成本通常占整个制造成本的70%以上。培育良好的企业群质量体系，将是企业质量管理的重要组成部分。

1. 引导合作伙伴共同实践制造质量

现代的竞争往往是产业链的竞争。企业自身的质量管理再好，如果供应商的质量不好，也同样不会有高品质的产品。

引导合作伙伴与企业共同实践制造质量，就是建立一致的质量管理理念和方法，促进共同学习，提高整个企业群的质量能力。

有了共同的制造质量体系，企业将可以将服务质量控制、工程质量控制、零部件质量控制拓展到合作伙伴的现场。一旦合作伙伴的现场满足了产品质量要求，就将大大提高全面质量的保障能力。

2. 建立供应商质量伙伴关系

供应商质量伙伴关系就是让企业与供应商共同面对质量挑战，全面降低质量成本，实现共赢。

专业化的发展已经让合作伙伴具备了比企业多得多的零部件设计制造、工程服务等方面的专业知识。但是由于关系不当，这种专业性常常被合作伙伴用作抵抗主机厂竞争压力的手段，让彼此无法站在共同的角度上思考质量问题并采取一致的行动。

建立供应商质量伙伴关系，就是与合作伙伴建立互信，充分挖掘合作伙伴质量资源，实现双赢。这种质量伙伴关系的建立，将可以让企业节省大量零部件质量控制的资源，并将其用于共同改善质量，实现企业与合作伙伴同步成长。

LCA500000000000000502
制造质量

LCA500000000000000486
互联网+统计过程控制

第三节　全员参与

> 企业最大的财富是每一名员工。全员参与的关键是推动企业从精英主义向群英主义转变。

一、全员参与基本理念

一名优秀的将军可以赢得战斗，却不能赢得战争。战争的胜负取决于全军的奋战和全民的支持。

一位优秀的企业家可以赢得利润，却不能赢得长期发展。企业的发展取决于全员的参与和社会的支持。

全员参与就是以团队合作为目标，充分尊重、信任并授权，从而让员工的发展带动公司的发展。

（一）从尊重、信任、授权到团队合作

有些企业领导为了激发团队的合作热忱，经常会对下属交代：以后诸如此类的事情就由你们决定好了。可是当下属将报告递交领导审批时，领导却还是不假思索地签了字。

这样的领导不会授权，或者并不是真心想要授权。

也有下属按照交代自己决策了，事后却不汇报。日子一久，领导就急了，最后想方设法地又把权力收了回去。

这实际上是一个尊重和信任的问题。作为下属需要尊重领导，自己按照授权决策，但应该汇报，让领导了解情况。这样领导才会放心，才会真正信任

下属。

全员参与首先源于相互尊重。尊重产生信任，信任产生授权，最终才能有无间隙的团队合作，实现全员参与。

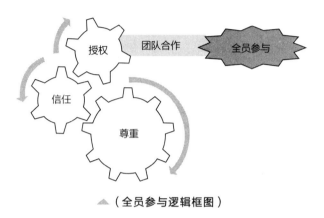

（全员参与逻辑框图）

当团队出现问题时，我们应该认真检讨一下团队内部是否营造出了相互尊重、彼此信任、勇于授权的氛围。

（二）创造员工发展的机会和空间

很多企业为了管理的稳定性而限制员工的流动，将员工管得死死的，导致员工不能在企业内部流动中找到适合自己发展的舞台，只好选择向企业外部流动——离职。

有些企业的员工发展途径基本上是纵向的：领导升职，自己顶替。这种流动方式扼杀了员工进行职业选择的机会和发展的空间。结果是培养的员工视野狭窄、能力单一，同时导致公司的官僚主义滋长。

也许我们觉得任何公司升职的机会总量是一定的，流不流动没有关系。但是员工想要的是机会和空间，而不是岗位。如果企业有良好的横向流动机制，对于员工而言，从原来的一个流动空间扩展到全公司的流动空间，他们就可以凭借自己的能力去争取。这样的流动可以促进交流和内部竞争，为公司培养更多优秀的人才。

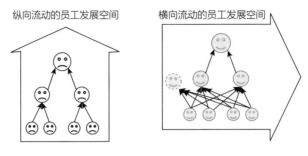

▲（两种员工发展空间）

二、全员参与的关键要素

全员参与是一个系统，企业首先应具备共同的宗旨和价值观，再围绕宗旨和价值观构建职业安全与健康、称职员工、开放沟通、员工参与、员工发展、团队建设，以及业务计划执行这些领域，以共同构成全员参与的有机整体。

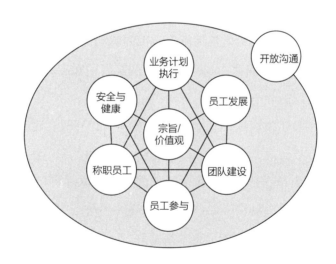

▲（全员参与核心要素框图）

（一）宗旨与价值观

宗旨与价值观是企业文化的内核，是企业发展的远景目标和行为准则。

宗旨是企业价值和使命的终极解释，是充分自洽的而非竞争性的目的。比如，"成为世界最大的汽车公司"就不是一个好的企业宗旨，因为"世界最大"并不能代表企业的使命和价值。

通用电气的宗旨是"通过技术与革新改善生活质量"。

摩托罗拉的宗旨是"光荣地为社会服务，以公平的价格提供高质量的产品和服务"。

沃尔玛的宗旨是"我们存在的目的是为顾客提供等价商品"。

实践企业的宗旨，需要长期一致的价值观的引导。

企业价值观一般包含两个方面：一个属于主体范畴，即企业的自我价值准则，例如团队、进取的精神；一个属于关系范畴，即企业与外部环境的关系准则，例如开放、竞争的法则。通用汽车公司的价值观有"客户热忱、持续改进、诚信正直、团队合作、创造性、对个体的尊重和责任感"这六条，其中，"持续改进、诚信正直、团队合作、创造性、责任感"体现的是一种自我价值，而"客户热忱、诚信正直、对个体的尊重"体现的是一种关系准则。

（二）职业安全与健康

人的生命是最为宝贵的，没有职业安全与健康的保障，全员参与就会变得虚伪和空洞。

职业安全与健康包含安全与健康的工作环境、确保安全与健康的工作方法，以及安全与健康的产品与服务。

职业安全与健康不仅是企业的基本社会责任，而且是企业人本文化的具体体现。一个能够以员工的安全与健康优先的公司，才是一个充满士气、令人尊重的公司，才是一个能够长期稳定发展的公司。

企业需要树立新的职业安全与健康观：职业安全与健康不是简单地降低安全与健康风险，杜绝安全事故，而是塑造企业价值与人格。它是企业用金钱无法换取的宝贵价值，就像企业对未来的储蓄，能够为企业提供长期的丰厚回报。

（三）开放沟通

德鲁克有一句名言：管理就是沟通。这当然不是说管理只有沟通，而是说沟通是管理成败的关键。管理是一个让团队参与实现共同目标的过程，关键是让团队成员理解并接受共同目标，并明确实现目标的工作方法，这是一个繁杂的沟通过程。

1. 打破组织壁垒

沟通首先不是培育沟通技巧，而是排除沟通障碍、培育沟通意愿。如果企业的内部沟通障碍重重，人人互相防卫，那么即使沟通技巧再好，也无济于事。

排除沟通障碍的关键是厘清管理沟通与行政秩序的关系。很多企业都有禁止越级指挥和报告的要求，这是一种行政行为，目的是保障组织管理的秩序，但森严的等级常常造成沟通不畅。越级报告当然不好，但不是说不能越级沟通。事实上，越级沟通是很常见的，如领导下基层视察、开座谈会等。

问题在于什么是越级报告，什么是管理沟通，区分二者的关键是什么？只要沟通过程不破坏组织确定的原则，不涉及组织资源配置，就都应该持开放态度，乐观其成。

培育沟通意愿的关键是降低沟通难度和风险。每个人在做出是否需要沟通的判断时,往往是要付出勇气的。首先要便于沟通,比如敞开式的办公场所、自由使用的私密会谈室等;其次,要培育欣赏、包容的沟通文化,善意地理解员工的沟通信息,宽恕员工在沟通中犯下的错误。

2. 管理沟通三个层次

某公司最近的员工离职率很高,经过调查分析,公司人力资源部的李经理发现,这主要是由于新产品上线出现了大量问题,导致产量严重下降,直接影响了员工的收入。于是,他起草了一份详细的解决方案报告给了领导,领导觉得很不错。

接着,李经理安排了一次项目启动会,希望各个部门能够配合行动,确保方案能够成功实施。可是,让李经理万万没有想到的是,会议上很多人不愿意支持他的方案,有的甚至直接反对。李经理请他们解释理由,他们却顾左右而言他,会议最后不了了之。

这样的情况在企业管理中很常见,问题就出在沟通方式上。

首先,这个问题发生在制造部门,李经理需要就问题和想法与制造部门的负责人商量,否则制造部门就会认为是人力资源部门在找茬儿。这个过程称为个人沟通,目的是争取伙伴,只需要提出想法,并与其共同讨论思路。过程中需要注意宜粗不宜细,以免陷入细节而影响整体目标的达成。

接下来,李经理需要与制造部门的负责人一道,邀请相关部门干系人,如质量部门、工程部门等,一起开个协调会——共同商议,否则难以得到相关部门的配合和支持。这个过程称为团队沟通,是一个集思广益的过程,目的是取得团队共识,形成解决方案。过程中需要注意抓大放小,兼容并包,确保集中和自主的统一,避免因在小事上意见不同而影响大局。

最后,李经理需要将方案报公司领导批准,确定项目组织,并组织召开一个所有项目成员均参加的公司项目大会,传达公司意志,鼓舞士气。这个过程称为组织沟通,目的是统一思想、推动执行。过程中需要注意简单明了、通俗易懂,让每个成员都很容易理解项目的目的、意义和工作任务。

个人沟通、团队沟通、组织沟通是一个沟通的发展和传播过程,一个系统、有效的沟通通常都需要经历这三个阶段,否则就可能出现问题。

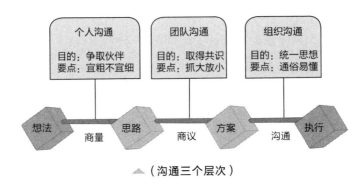

▲(沟通三个层次)

(四)员工参与

西蒙曾经说:"具体贯彻执行组织目标的任务,总是落在处于最低管理层级的人们身上,这一点是显而易见的。例如,作为实体的汽车,不是由工程师或经理,而是由装配线旁的工人们动手制造出来的。"

如果我们将这些员工排除在管理之外,我们将一事无成。

1. 改善建议:挖掘员工的智慧

汽车先驱亨利·福特在自传中写道:"我们付给工人工资,却只买到了他们的双手,而没有买到他们的脑袋。"

时至今日,仍然有很多管理者将一线员工的工作看作是出卖劳动力。结果企业只是雇用了员工的双手,却浪费了员工最大的潜能——智慧。

一线员工是掌握工作第一手资料的人,他们每天面对真实的生产现场,有丰富的经验和充足的实践依据,这些正是创造力的源泉。

日本的企业非常重视挖掘员工的智慧,用改善建议的方式,让员工自由表达自己的建议和措施，提供尽可能好的条件支持现场团队实施，最后给予相应的激励。这种尊重和发现员工创意的举措，效果非常明显。在丰田，平均每年每人提交 10 个以上的改善建议，而且大量建议得到了实施。这是一股非常强大的创造力！可以说，离开了员工的主体性，大量的改善根本就不可能实现。

改善建议带来的价值固然重要，但更重要的还是形成了员工参与的氛围，鼓舞了士气，增强了团队凝聚力——这才是无法用金钱衡量的。

2. 垂直交流：创造管理角色的和谐

组织管理讲角色认知，强调组织成员在组织中扮演的角色⊖和承担的职责，这是非常必要的。但是，组织角色毕竟是扮演的，过分强调就容易造成疏离感和人际关系的割裂。

我们经常发现，两个人不在一起共事是好朋友，一旦共事反而会闹出矛盾来，这就是由于组织角色带来的疏离感和人际关系的割裂。这种疏离感和人际关系的割裂在垂直关系中尤其明显。

企业需要建立一种垂直交流的平台，让组织的每个成员感受像家一样的和谐氛围，平衡组织角色造成的疏离感和人际关系的割裂，这对于促进员工对组织的认同和参与是非常有帮助的。

垂直交流的平台形式非常多样，往往与企业文化以及环境条件紧密结合。比如，组织由广泛员工参与的"员工大会"、让高层与员工直接互动的"零距离、面对面"会谈，以及茶话会等，都是非常有效的方法。但是，必须注意淡化组织角色。

⊖ 与社会角色中父子、朋友不同，组织的角色是扮演出来的。父子、朋友角色不需要外在的赋予，属于自然属性；而组织角色则源于组织赋予，是人为的。

（五）称职员工

称职员工就是培养和塑造符合岗位需要的员工。员工不能胜任岗位不但会打击自身的自信心，还会给组织带来损失和伤害。

1. 将合适的员工放到合适的岗位上

每名员工都有自己的优势，培养称职员工的关键就是发现其优势，并将其放在适当的岗位上有效地展现其能力。

有些员工平时似乎很平庸，那么作为管理者，就需要学会观察员工的行为，并分析其心理，以挖掘其潜能。一旦找到能促使一名员工释放潜能的适当岗位，这名员工也许就会表现出过人的能力。

有些员工的优势和劣势都很明显，若引导不当，则劣势经常会破坏优势。作为管理者，需要将员工的优势和劣势分开，并且尽可能地构造一个发挥优势、弥补劣势的管理环境。

选人、用人是一门艺术，重要的是要克服管理者的自我偏见，多角度、多渠道地发现员工的优势。

2. 有效的绩效评价与反馈

绩效是评价称职员工的重要尺度，通过绩效评价，可以让员工看到自己的成绩和不足。科学合理的绩效评价可以帮助员工更快、更好地成长。

管理层级不同，责任和能力的要求也不同：高层领导从事综合性的工作，主要对公司的经营目标负责，需要较高的概括能力；中层干部从事职能赋予的业务工作，主要对业务绩效负责，需要较强的专业能力；而基层员工从事具体工作，主要对行为负责，更加强调操作能力。因此，绩效评价的方式方法也应该不同。

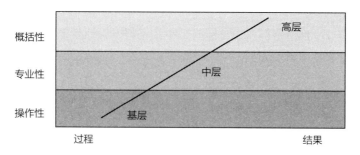

▲（管理层级与绩效策略）

对于高层领导，通常采用目标责任制的办法，由公司确定发展战略和经营目标，并与领导班子签订目标责任书，将经营结果与其收入挂钩，共担经营风险、共享经营收益。

对于中层干部，通常采用绩效奖励的办法，由公司按照职能将经营目标分解到各部门，根据绩效表现"论功行赏"。

对于基层员工，通常采用绩效积分的办法，由各基层组织根据公司政策，结合本团队的工作实际，制定行为评价标准。团队领导每天遵照标准给员工的行为表现打分，并在班前会议上进行通报，月底统计积分结果，根据排名给予奖励或处罚。

（六）员工发展

精益经营企业强调投资于人，认为员工发展是公司发展的基础，并通过员工的发展促进公司的发展。

员工发展分为两个方面：一个是能力与业绩的增长，另一个是态度及行为的改进。员工发展贯彻从招聘到离职的整个员工职业生命周期，需要经过不同的发展阶段，并且因人而异，应该针对不同的发展阶段，执行不同的员工发展措施。

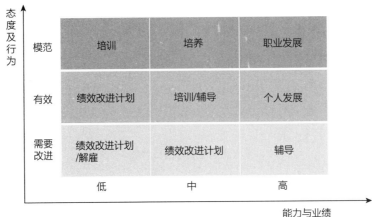

（绩效管理矩阵）

职业发展通俗地讲就是职位晋升。对于业绩和行为表现都非常优秀的员工，可以纳入继任者计划，作为未来担当更高职位的人选。

培养是公司对员工的管理训练，是为企业培养管理人才。通常的培养方法有挂职锻炼、岗位柔性等。

个人发展就是为员工提供专业能力的发展空间，为企业培养专家人才。

培训就是为员工提供工作所需要的理念、知识和技能，帮助员工提高业务能力。

辅导就是对员工行为实施引导的方法，如谈心、交流等。

职业发展、培养、个人发展、培训、辅导等是员工发展的具体方法，需要根据员工的实际情况和发展潜能采用不同的方法。

1. 培养德能兼备的员工

员工发展必须是全面的发展，主要有三个方面：

一、职业素养高。结合企业文化和职业文化，培养员工的使命感、荣誉感和归属感。

二、要工作态度好。结合团队建设和岗位角色，培养员工具有积极的心态，激发团队士气。

三、业务能力强。结合业务需要和职业发展，着力提高员工的专业知识水平与能力，从而提升其业务水平。

公司要想长期健康发展，上述三个方面一个都不能少。有些企业只注重业务能力，忽视职业素养和工作态度，长期下去就会出现管理问题，而且是严重的管理问题，常常经不起环境变化的风浪。

2. 绩效改进计划

对于绩效和行为都表现一般的员工，应该与其一起制订绩效改进计划，针对其缺点和发展上的薄弱环节共同探讨、找出对策、实施改进。

绩效改进计划不是对员工能力和态度的否定，而是应该面向未来。要让组织和员工都能明白：任何成功的员工发展之路，都会经历绩效改进的过程，并在绩效改进中获得必要的成长。

3. 不要轻易放弃任何一个员工

无论如何，解雇员工应该是员工发展中最后的选择。每位管理者都应坚持一个理念：没有不好的员工，只有不好的管理。我们要从管理上找原因，尽最大的可能帮助员工成长。轻易解雇一个员工实质上是对管理不负责任。

在一家值得尊敬的公司中，员工一定会发自内心地为公司贡献自己的力量，即使员工离职了，也会感激这家公司。这才是公司永恒的财富。

（七）团队建设

团队就是为了一个共同的目标而共同工作的一群人。团队建设的核心就是人与目标的建设：一方面是人的士气，另一方面是工作效率。

1. 团队成长历程

团队的士气和效率并不是先天存在的，组建起团队并不意味着团队就能配合默契、快速高效地围绕着目标协同工作，团队必须经历一个碰撞、磨合的成长过程，才能渐入佳境，成为高效团队。

根据团队的士气和效率的不同表现，团队的成长可以分为组建期、磨合期、成长期、成熟期四个阶段。

（1）组建期　团队成员即使经过了精心的筛选，在刚加入一个新的团队时，对自身职责和团队的期望也还不够熟悉，对于成员之间的经历与能力彼此也不太了解。这个时期的团队会因团队初建的美好愿望而迸发出强烈的热情，尽管士气很高，但由于没有建立起团队工作的机制和相关能力，效率通常较低。

（2）磨合期　经过一段时间的了解，团队成员已经熟悉了工作环境，开始根据自己的观察和思考发表自己的观点和意见，经常会因各自的目标、见解、工作方式以及能力等不同而产生冲突。由于冲突的作用，团队的士气会明显下降。如果不能有效地控制和引导团队冲突，团队就有可能因陷入混乱而夭折。

（3）成长期　成员经过一段时间的磨合，彼此有了更好的了解与配合，在工作方式上也达成了共识，正常的工作秩序得以建立，团队的士气逐渐回升，团队效率也会稳步提升。从磨合期过渡到稳定期，是团队成长的关键时期，非常考验团队的集体智慧和自我超越能力，如果引导不当，就有可能使团队在组织的行政控制下进入"冷战"的假稳定状态，即只是维持表面的平静，事实上彼此不愿意沟通，有所隔阂，也就仍然不会有士气和效率。

（4）成熟期　团队的发展经历了前面的三个队段，成员之间能自觉地做到高效与合作，彼此的认同感以及对团队的忠诚度、依赖性也很强，此时也是团队出成效的时期。团队成员能积极地、有创造性地、有成效地共同开展工作。在这个时期，团队士气和效率将达到顶峰。

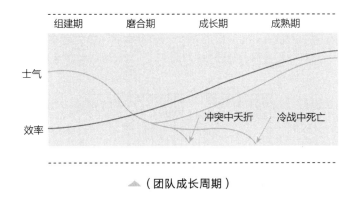

（团队成长周期）

2. 团队领导艺术

领导团队是一门艺术，没有固定的法则，需要根据团队的发展阶段和所处的情境选择合适的领导方式。

团队建立之初，团队成员士气很高，但是能力不足，是充满热忱的初学者。团队领导主要依赖自身权威统一团队成员的思想，并给予具体、细致的工作指令，确保团队成员能够按照要求开展工作。

经过一段时间的了解，团队逐步掌握了一些基本的工作方法与技能，同时察觉理想与现实之间的巨大差距，团队成员间冲突不断，士气逐渐低落，团队由充满激情的初学者转变为憧憬幻灭的学习者。在此阶段，团队领导需要循循善诱，引导团队成员建立愿景、减少分歧，加强针对业务知识和工作能力的培训与指导，培育团队的能力和凝聚力。

走出困惑和迷茫，团队开始进入稳步成长阶段，团队的士气和效率逐渐提升，开始转变为有能力但谨慎的执行者。这个时期，团队领导需要扮演良师益友的角色，团队成员加强沟通，引导成员的工作创新，帮助团队成员建立自信，鼓励成员建立一个创造性的工作模式，挖掘成员的优势并集成团队智慧。在团队的成长过程中，团队领导充分给予业务、行政、资源等方面的强有力的支持，排除前进中的障碍，为团队的成长铺路搭桥。

随着团队的进一步发展，团队开始成熟，团队成员能够完全独立地开展业务，成为独立自主的完成者。团队领导需要豁达开明、善于授权，给予团队成员充分施展才华的空间，在必要时给予建议，避免偏见和自负。

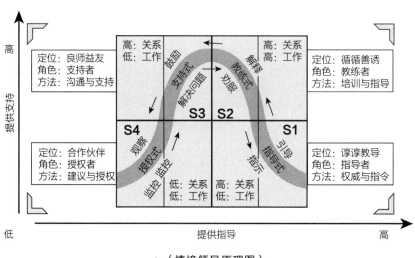

▲（情境领导原理图）

（八）业务计划执行

业务计划执行（Business Plan Execution）是一种企业根据公司战略规划，协调各部门的工作，步调一致地去实现企业在安全、质量、成本、效率、组织发展等五个方面的总体目标的标准化业务管理流程。

业务计划执行强调的不仅仅是一份业务计划，更是一个贯彻管理全过程的路径。

1. 开展业务而非完成任务

业务是为客户提供产品及服务的活动过程，任务则是完成组织指定的工作。业务是对客户负责，任务则往往是对领导负责。

任务不同于业务，因为完成任务并不等于实现了客户价值。

业务计划执行强调实现企业在安全、质量、成本、效率、组织发展等五个方面的总体目标，这就是告诉我们：任何一个业务都包含了五个方面的要求。

如果将业务当成一个任务，那么情形可能是这样：生产部门为了完成生产任务而不顾安全和质量。这并不是我们需要的结果。

2. 提供业务服务而非输出职能

业务计划强调步调一致，就是因为从客户的角度来说，他需要的是完整的业务服务，这需要公司各业务部门互相协作、共同努力才能完成。

如果客户需要一辆灰色的宝马，并且希望一周后能够拿到汽车，这就需要营销部门、制造部门、物料部门、技术部门共同参与，保持有效的协调工作。

如果不是这样，就会出现以下情形：一张客户订单在营销部门经过所谓大量的市场分析后，变成了生产五辆灰色的宝马汽车的订单并传到制造部门；制造部门说现在正在生产白色的宝马汽车，要等下一批计划安排；物料部门说灰色的油漆很贵，现在不是最佳采购时机，红色油漆比较便宜，告诉客户要红色的车吧，红色的车挺好的。这样，客户需求就在职能部门各自的专业理解中不断被曲解。最后客户只能弃单而去。

职能是为完成业务服务的，不能从业务角度思考职能，强调职能的专业性是没有意义的。

3. 从目标、指标到方法

业务计划执行的实质是一个经营导向的绩效管理方法，它包含的实现绩效管理的三个要素是目标、指标、方法。在业务计划执行中，绩效的定义靠目标(goal)，绩效的执行靠方法(method)，绩效的衡量才需要指标(index)。

执行任何一项业务，首先必须有明确目标。比如，你是一名足球运动员，你希望成为一名足球明星，那么当明星就是你的目标。然后，你需要给

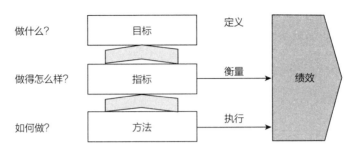

（目标、指标、方法的相互关系）

足球明星这个目标设定一些指标，衡量你是否达到了目标并识别差距。如每年在大赛中进 100 个球，年薪达 100 万元，成为主力队员等。最后，你需要围绕目标选择科学、具体的方法。如每天吃一千克牛肉，练球 5 个小时，全年看 100 场足球比赛录像等。

只有让目标、指标、方法形成有机的整体，指导业务实践，才能有效达成绩效。

（年度业务计划执行表格）

4. 不要陷入指标管理的泥潭

我们首先需要明确经营目标，而不是首先琢磨用什么指标、想什么方法，否则目标管理就会成为指标管理。

让我们来看看下面的一个故事：

妈妈叫儿子去买瓶酱油回来。结果小朋友贪玩，半个小时后才将酱油买回来。妈妈很生气，于是要求儿子下次买酱油不能超过10分钟。

第二次，小朋友图省事，在楼下小卖部花了10元钱买酱油。妈妈又很生气，说太贵了，于是要求儿子下次买酱油不能超过5元钱。

第三次，小朋友兴冲冲地按照妈妈的要求买到了酱油，一不小心摔了一跤，结果摔坏了手臂，酱油也撒了一地。妈妈知道后又很生气，教训儿子下次买酱油一定要注意安全。

小朋友认识到，妈妈要他安全、快捷、便宜地买回酱油。

下次妈妈再叫小朋友买酱油时，他开始注意妈妈的嘱咐，结果小朋友过于注重价格，买了一瓶劣质酱油回来。妈妈一看，这种酱油炒菜味道不好，对他说，下次买酱油要挑牌子。

小朋友迷糊了，便宜没好货，品牌好又太贵，怎么办？于是小朋友决定：下次买的时候打电话问妈妈，这样就不会犯错误了。

这位妈妈的错误在于，她没有明确的目标，打酱油只是一项任务，目的是培养小孩的劳动观念，增强其自立能力。由于缺失目标，妈妈陷入具体任务执行的泥潭，不断提出评价指标。结果适得其反，小朋友逐步丧失自主权，最后变得无所适从。

管理实践中，不少企业也在重复这位妈妈的错误：忽视对下级的目标沟通与引导，未让下级充分理解目标，没有支持下级掌握实现目标的方法，结果条条框框越来越多，下级的执行力却越来越差。

5. 遵循 PDCA 循环

制订一份好的业务计划，这只是业务计划执行的开始。业务计划执行是一个包含计划制订、业务实施、评估与改进的 PDCA 过程。

实施是业务计划的延续。实施的关键就是有效地组织、控制、协调：

1）为计划组织和配置资源，保障资源落实。

2）当实际执行与计划出现偏差时，通过管理控制纠正偏差。

3）计划执行中遇到障碍时，通过管理协调排除障碍。

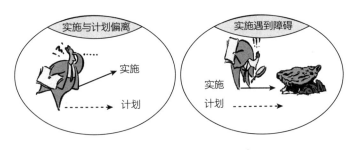

▲（计划实施两种异常情形）

过程评估与改进。业务计划是指导我们共同行动的基准，它的使命在于设立实现目标的路线和识别实际与目标的差距。在计划的实施过程中，需要定期进行评估，根据执行的效果和形势的变化，计划应当做出相应的调整。如果机械地执行计划，那就会闹刻舟求剑的笑话。

三、全员参与三部曲

实践全员参与，总体来说就是"培养士气，建立绩效，打造团队"。

首先是培养士气，激活每位员工的参与热忱。

其次是给组织和员工一个清晰的目标，并激励大家共同努力。

最后就是根据业务性质和管理特性培育不同的团队，并通过团队合作挑战目标、分享成功。

（一）培养员工士气

优秀的公司有一个共同的特征：员工充满士气。

通用电气公司是一家非常重视士气的企业，常常将士气作为关键决策因素加以考虑。《杰克·韦尔奇自传》中有一桩"泰国一批由政府控制的破产融资公司的 11 亿美元汽车贷款业务"收购案，本来杰克·韦尔奇并不看好这桩收购案，可是在听了项目负责人马克的一番热忱洋溢的说辞之后，董事会居然批准了这桩收购案。事后的实践证明，这桩收购案是通用电气最漂亮的收购案之一。

通用电气将士气定义为创造激情——创造一个人人都有梦想、人人都有空间的公司管理体系，使每个人都富有激情；并且提出了四个创造激情的因素：

精力充沛——让每个人建立信心，精力充沛地面对自己的工作。

激励他人——相信团队、依靠团队，激励团队，让团队一起努力。

果敢——面对挑战鼓起勇气，当机立断，敢于挑战并承担责任。

有效执行——让团队产生一致的行动力，高效达成目标。

士气就是团队的积极性、信心和凝聚力。

没有士气，即使有再好的形势、再好的条件、再好的方法，也未必能获得成功；拥有士气，就会众志成城、以一当十、创造奇迹。

（二）建立一个绩效

绩效是组织或个人达成目标的业绩和成效。业绩一般指达到目标的程度，侧重于对企业当下的贡献，如市场占有率、利润率等；成效一般指对目标的影响，侧重于对企业将来的贡献，如产品的生命力、团队的凝聚力等。

绩效体系就是一套定义绩效、衡量绩效、管理绩效的系统。

1. 目标管理

目标管理是绩效管理的理论基础。没有目标管理,就没有绩效管理。

那么,什么是目标管理?

彼得·德鲁克讲过一个著名的故事:山脚下有三个石匠,有人走过去问他们在干什么?第一个石匠说:"我在凿石头。"第二个石匠说:"我在凿世界上最好的石头。"第三个石匠是说:"我在建一座大教堂。"

第一个石匠回答了自己的工作内容:每天周而复始凿石头,为的是养家糊口,似乎没有什么期盼,倒也天经地义。

第二个石匠比较有雄心,在凿世界上最好的石头,当最能干的石匠。但这只能是目标,不能说是目标管理。

第三个回答的才是目标管理,他指出了组织目标。如果凿的石头不能成为大教堂的一部分,那么凿得再好也是无用的。

目标管理就是指让组织成员共同实现组织目标的管理行为。

目标管理可以分为四个相互关联的环节:目标设定、目标执行、目标评价和目标激励。

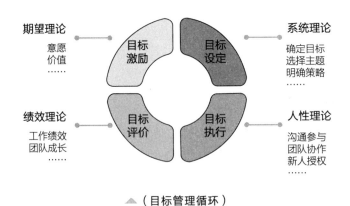

▲(目标管理循环)

目标设定是组织确定奋斗目标的过程，它是为组织明确努力的方向，强调系统性。

目标执行是指组织成员彼此协调、共同达成目标的过程，它需要充分发挥组织成员的知识与能力，强调人性管理。

目标评价是使行动与目标保持一致的反馈控制方法，它强调绩效的作用。

目标激励是对实现目标的行为激励，是基于期望理论的管理方法。

2．从战略到经营

从管理行为的角度，绩效管理可以分为战略绩效管理和经营绩效管理两个层面。

战略层面，往往更多地关注组织与外部环境的适应，比较宏观，思考的是财务、客户、操作流程、组织成长等战略任务。

而经营绩效层面则更多地关注内部如何达成战略目标的有效途径和方法，比较具体，思考的是经营过程中的安全、质量、效率、成本、组织发展等经营目标。

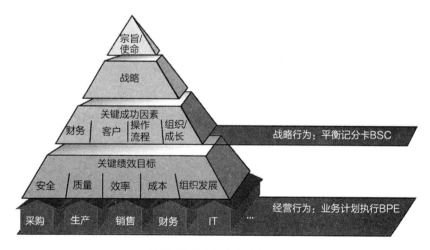

▲（平衡计分卡与业务计划执行）

战略到经营是两个紧密相关的管理领域，担当着不同的公司发展责任，不能简单地进行目标分解与传递，必须进行管理语言的转换，这样才能更好地为不同的团队和人员所理解和执行。

（三）打造三个团队

研究发现，一只狼单独扑食的成功率不到10%，一只老虎单独扑食的成功率能够达到60%；而一群狼共同扑食的成功率却高达90%以上。也就是说，一个猎物只要成为狼群的攻击目标，生还的希望就很渺茫了。

狼群之所以可怕，就在于它们配合默契。

企业要想获得成功，就必须拥有默契的团队。

根据管理层级和业务特性的不同，团队的性质和要求也不同。我们可以大致将其分为自主团队、专业团队、领导团队三类。

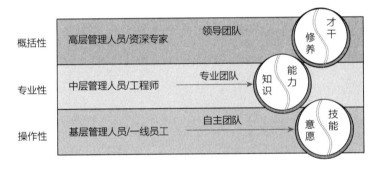

▲（三个团队）

企业忽视其中任何一个团队的建设，都将是企业管理的重大缺失，会对企业管理造成致命的伤害。

1. 自主团队

自主管理普遍存在于基层组织中，如村民自治、社区自治等。基层组织有两个重要的特点：

其一，处在组织的最底层，掌握的组织资源比较少；基层组织的作用和存在比较容易被忽视；通常扮演命令执行者的角色，工作参与感、成就感较低，是组织中比较压抑的群体。

其二，工作相对简单，比较强调操作性，主要依靠技能完成工作。

这样的团队并不需要管理者在工作中持续地指导，就好像一个农民不需要乡长教他如何种地，一个工人不需要车间主任教他如何装好零件。最重要的是给予自主，引导他们自主管理。

基于自主团队的角色特点，建设自主团队的焦点在于意愿和技能。意愿就是为团队创造尊重、和谐的氛围，培养团队成员参与管理的热忱，激发他们的工作意愿；技能就是帮助他们总结经验、培养技能，挖掘他们的潜能，从而提高他们的整体素质。

2. 专业团队

专业团队存在于中层管理人员以及工程师的团队合作中，他们拥有一定的专业知识和能力，是组织中承上启下的人员。

建设专业团队的焦点在于知识与能力。

其一，专业团队需要一定的专业知识。比如，一名人力资源经理不能只懂得一点招聘技巧，或是只会处理人事问题，否则就与一名人事专员没有本质区别。他必须比较清楚整个人力资源体系，并利用这种能力思考人力资源部门的工作。

其二，专业团队还必须具备独当一面的专业能力，应做到不仅仅是理论家，能够设计完美的方案；还应该是实干家，有推动方案实施并确保实施成功的能力。

3. 领导团队

领导团队是指处于组织最高层的管理人员、资深专家所构成的团队，处在组织的最高层,职责是驾驭整个企业,去实现企业的战略任务并迎接组织挑战。他们的工作比较强调概括性。

领导团队的专业能力已经不是重点,关键是如何引领组织发展和迎接挑战。领导者从事的多是高度概括性的工作,这样的工作比较难以用专业逻辑思考,非常依赖于直觉思维和价值准则。领导团队要作为一个和谐的整体运作,需要通过文化认同和组织共识解决。

建设领导团队的焦点在于修养与才干。

所谓修养,就是修心养性。作为高层领导者,修心就是修炼德行,养性就是培养人格。如果领导团队不重德行和人格,后果将可能是无休无止的公司内部冲突。只有德行和人格兼备,才能塑造具有向心力和凝聚力的领导团队。

所谓才干,主要是心智模式和系统思考。只有不断完善心智模式和提高系统思考能力的领导团队,才会是真正有前途的领导团队。

4. 团队进阶

卓越的团队,不仅能做出优秀的业绩,而且造就优秀的人才。

员工能力可以概括为专业能力、人际能力、概括能力等三个方面。在基层的时候,一定要注重打好专业功底;到了中层,应该学会专业和管理相融合;进入高层,应该善于综合判断。

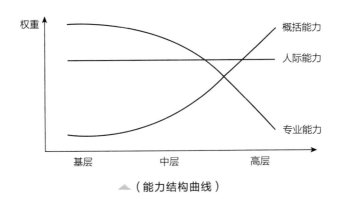

(能力结构曲线)

身在咨询行业之中，我看到很多潜质不错的员工，因为没有很好地把握不同层级的能力积累，而出现了成长上限。有位员工由于能力突出，公司过早地将他提到干部职位，但他专业功底不扎实，几年后便表现出明显的提升乏力；由于他长期陷入事务性工作，随着年龄的增长，专业学习越来越困难。结果在后来的企业变革中，越来越不适应形势，做事情越来越不到位，最后被领导和同事视作只会夸夸其谈的人。

宰相必发于州部，猛将必起于卒伍。优秀的企业应该提供一个让员工从自主团队、专业团队到领导团队不断历练的机制和平台，让人才在实践中稳步成长。

LCA50000000000000497
全员参与

LCA50000000000000483
高层沟通之道

LCA50000000000000488
互联网+员工绩效积分

LCA50000000000000496
情境领导力

LCA50000000000000487
互联网+业务计划执行

第四节　标准化

> 麦当劳行销全球，无论店面开在何地，均能保持同样的口味。这就是标准化的重要作用。

一、标准化基本理念

标准化是企业内部制定相关术语、原则、方法和程序的一个动态过程，目的在于实现稳定，从而巩固获得的成果，并将其作为改进的基础。

（一）无处不在的标准

马路上川流不息的车辆之所以能够井然有序，是因为有交通规则存在。

交响乐团之所以能够演奏出悦耳动听的乐曲，是因为有乐谱存在。

车间忙碌的生产线之所以能够高效率地生产高品质的产品，是因为有标准存在。

（二）四个求"同"

很多人以为，标准就是成文的制度和规范，其实这还远远不够。标准的背后是共同的语言、共同的原则以及同样的方法、同样的过程。

例如，某部门新组建了一个团队，计划搞一次春游活动。

组织者希望这次春游活动不仅能够生动活泼，还要能够增进团队成员的互相了解、激发团队的热忱。这就是春游活动的共同目的。

为了实现这个共同目的，组织者让团队成员自己设计活动项目，然后从中选择一些大家能够共同参与的项目。共同参与就是春游活动共同的原则。

为了增强团队意识，春游活动安排了一系列小组对抗项目。那么如何分组？是按工作岗位分组，还是自由组合分组，还是抽签分组？标准很多，哪一个标准都行。但是作为一个组织行为，就必须选择同样的标准，否则对抗赛就会失去对抗的意义。

假设我们选定自由组合，那要如何完成这个自由组合的过程呢？方案一：大家分别介绍自己的爱好、特长，然后推举三名组长，其他人自由向三名组长靠拢，最后进行调整，使各组人数相同；方案二：先毛遂自荐，然后发表演说竞聘组长岗位，大家选择自己喜欢的组长，最后进行调整，使各组人数相同。实现自由组合的过程也有很多。但是，作为一个组织行为，必须选择同样的过程，否则有人推举、有人自荐，自由组合过程就会陷入混乱。

企业管理行为的标准化，与组织一次春游的道理是一样的。

没有共同的语言、共同的原则、同样的方法、同样的过程，只有一大堆文本堆砌的标准就是一纸空文，不会得到组织的认同与遵守。

（三）标准是实践出来的

标准不应该由管理者设计出来，然后让执行者遵守，它应该是管理实践的成果，是行之有效的。

首先，标准化是管理成果的积累。它遵循 PDCA 的原则，将经过检验的实践成果固化，促进组织的共同学习和进步。

其次，标准化是一个过程，而非一个结果。它不是束缚我们前进的障碍，而是改进的基石，可以帮助我们获得必要的稳定性和一致性。

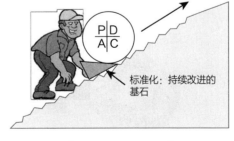

▲（标准化与持续改进）

二、标准化的关键要素

标准化是管理的基石,渗透到管理的各个领域。其中,标准化操作、工作场所5S、目视管理、节拍管理是标准化必不可少的四件武器。

▲（标准化核心要素框图）

（一）标准化工作

标准化工作就是直观地指导员工安全、保质、高效地完成作业的标准操作规程。标准化工作是现场作业的基准书,可以用于任何重复性的工作中。通常的标准化工作包括生产操作、质量检验、物料运输、设备维护等方面。

▲（标准化工作四个典型场景）

1. 以操作者为中心

标准化操作与工艺文件不同，工艺文件是面向工程的，侧重于解决如何达到产品装配要求；而标准化操作则是面向现场操作，侧重于解决员工如何安全、保质、高效地实现工艺方法。因此，它是以操作者为中心，研究动作和时间。

下面这个例子较好地说明了工艺方法与标准化操作的异同：

▲（工艺文件与标准化工作的比较）

以操作者为中心，不需要任何专业能力，关键是要以实际操作为基础，让编写者心甘情愿地做操作者的学生，耐心倾听操作者"讲述自己的故事"，最终才能成就经得起考验的标准化操作。

2. 做到当前最佳

标准化工作是做出来的，不是编出来的。如果标准化工作只是根据工艺要求和现状直接编写，那么，这个标准化工作一定是没有生命力的。现状中也许存在大量不能满足工艺要求、影响标准化操作正常执行，甚至完全错误的因素。如果我们不能认真地将它们充分识别出来并予以改进，为标准化工作创造一个稳定的环境，实质就是将错误写进标准化工作，将会贻害无穷。

我们必须将所有不利于标准化操作的问题解决掉，做到当前最佳，才是真正的标准化工作。

（二）工作场所5S

5S起源于日本，是指在生产现场对材料、设备、环境等生产要素进行整理、整顿、清扫、清洁、修养等活动的总称。

整理就是清除闲置物品。即通过开展现场整理活动，将闲置物品与需要使用的物品分开，以降低现场的混乱程度。

整顿就是将有用的物品有序化。按照"一物一位、物归其位"的原则，将每一个物品定置下来，让现场物品方便使用。

清扫就是检查。定期清扫不仅可以保持现场的整洁，而且可以在清扫的过程中检查设备状态、物品丢失情况等。

清洁就是保持工作场所清洁。5S的关键在于保持，如果现场发现螺钉掉在地上、机器漏油，或者气阀漏气，却没有员工主动纠正或者报告，那么，整理、整顿、清扫得再好，也会前功尽弃。

修养就是对自身的高要求，这是5S的最高境界。如果没有人从观念上对5S有自觉性，并养成良好的习惯，5S就会有形无神。

修养依靠从上至下的行为垂范，依靠企业氛围和环境的形成，是共同参与的结果。

1. 凡事都有5S

5S的具体方法是针对现场管理的，但是，5S的理念完全可以推广到其他工作。现在办公都用电脑，不少人的电脑文件存放非常凌乱，经常找不到文件，或者搞不清哪个文件是最新的。这就是没有5S理念的表现：平时保存文件很随意，没有目录归类，文件长期不用也不整理删除，最后一定"脑乱"。

工作中有一个"二八原则"：20%的工作决定80%的业绩。

通常，一个人能够较好地同时处理两三件事情。如果在你的工作清单中有十多项需要同时关注，效果一定不好。这时，你就需要对工作进行5S，区分哪些重要、哪些紧急，然后进行归纳整理，选定两三件事情去做。

2. 职业习惯，从5S开始

"态度决定一切，习惯影响一生"，工作的进取精神需要积极的态度，持续的进取精神则需要习惯养成。

优秀的员工往往善于养成良好的职业习惯。要想长期保持出色的工作成效，习惯养成至关重要，因为它会潜移默化地影响一个人的工作成效。工程师绘制图纸、程序员编写代码、管理者书写报告，如果习惯不好，就很容易出错。比如日常的电子文档管理，有些人不太注重整理，目录设置不规范，文件取名很随意，为了省事而将文件直接保存到桌面，电脑满屏都是文件，结果欲速则不达，往往需要花大量时间查找文件，有时甚至找不到文件。

如何养成良好的职业习惯呢？5S就是非常好的办法，它可以帮助你持之以恒地改进职业习惯。因为性格和经历的不同，每个人身上都有或好或坏的职业习惯：有的人效率意识比较强，养成了雷厉风行的好习惯，同时也可能养成了容易冲动的坏习惯。如何发挥好习惯，消除坏习惯呢？首先需要利用5S盘点自己的习惯，尽情释放好习惯，有意识地控制坏习惯，然后有针对性地长期坚持。比如，在与人沟通时注意语速、在做出决策时设置留存时间等，渐渐地，你的职业习惯就会变得越来越成熟，与同事冲突的情况也会越来越少。

（三）目视管理

目视管理是利用形象直观、色彩适宜的各种视觉感知信息来组织现场生产活动，以提高劳动生产率的一种管理方式。它是以视觉信号为基本手段，以公开化为基本原则，尽可能地将管理者的要求和意图让大家都看得见，借以推动自主管理和自我控制。所以，目视管理是一种以公开化和视觉显示为特征的管理方式，也可称之为"看得见的管理"。

（一目了然的现场）

1. 以人为中心的目视管理

好的目视管理首先要有温度，如果只是冷冰冰的数字和图表，那么做得再好看也没用。

有个企业花了不少钱，在现场制作了大量标语和看板，非常漂亮。可是走进一看，全是合格率变化趋势图、问题清单、改善成果之类的东西，就是没看到一张人像。我随口一说："看板设计得挺漂亮的呀。"陪同的人挺高兴的样子，跟我讲了他们如何重视目视管理，做了多少精心设计。于是，我反问了他一句："看的人多吗，员工关心看板上的信息吗？"他一愣。我接着提出了我的疑问："看板里没看到一个人像。"他意识到了一点什么，我接着说："现有的目视内容都很不错，但存在一个突出问题：见物不见人。目视内容应该包含人和事两个方面，并且应该有一个合适的比例。即使是谈事，也最好从人的角度出发来谈事。比如说改善，讲做了多少改善，节约多少成本，这很好；但如果能够加上员工现场改善的火热场面，以及员工改善工作的感想,那就升华了。员工对这样的目视更加感兴趣,因为员工感觉到是在讲他自己的事情,会产生亲切感、荣誉感。"

让目视管理有温度,是突出人的主体地位。还有一点,就是目视的表达应该有客户意识。好的信息,首先得让人喜闻乐见,因此在提供目视信息时,我们应该首先想一想,这些信息是提供给谁看的?他拥有哪些知识和能力、需要哪方面的信息、哪种方式最能引起他的关注与思考。

一面信息墙、一张幻灯片、一个报告,都有目视管理,都需要找到合适的表达方式,这样才能一下子就能紧紧抓住客户的心。比如,要表现产品缺陷分布,用缺陷集结图比看数据列表要容易判断得多。

2. 目视管理的三个层次

目视管理的第一个层次就是简洁而直观的描述,让人一看就能明白是什么。比如,我们在一桶化学品上贴一个醒目的标签,标明它是硝酸。

目视管理的第二个层次是提供形象、明确的图示,让人易于判断。比如将这桶硝镪水的外观刷上红色的油漆,画一个骷髅,并标明"强腐蚀性,请勿与皮肤接触"。这是目视管理的第二个境界。

目视管理的第三个层次是告诉人如何管理。比如,用图示告知制动液使用方法和异常处理措施。

（目视管理三层境界）

（四）节拍管理

节拍就是节奏。这里所说的节拍通常分为市场节拍和生产节拍。市场节拍就是指市场需求节奏,如每隔多长时间客户购买一个产品;生产节拍就是指流水线的节奏,如一条生产线每隔多长时间下线一个产品。

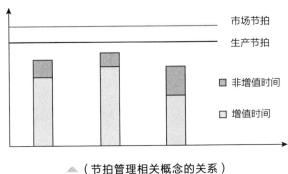

（节拍管理相关概念的关系）

节拍管理中,主要是面向生产节拍的管理。

1. 不能任意更改生产节拍

在生产控制中,我们经常可以看到现场人员为了赶任务而调高生产线运转速度的现象。本来,要求员工按照标准化工作,都有固定的周期时间;现在,人为地加快节拍,必然会破坏标准化工作,最终导致安全、质量、效率等问题。

在一家饮料生产企业生产线上有一道清洗饮料瓶的工艺,工厂一直抱怨生产效率不高。经调查发现：车间每月组织对清洗机进行全面清洗,刚清洗干净的清洗机的效率还是很高的,完全能够达到工艺要求,可是一般一周后清洗机的清洁度就开始下降。针对这种情况,员工通常的做法就是将流水线的速度调下来,调低速度可以提高清洁度。就这样不断地调,两三周后,清洗机的速度就只有原来的一半左右了。这下我们就不难理解工厂为什么会抱怨效率不高了?

这种随意改变生产节拍的方法,实质是掩盖问题。事实上,导致清洁度下降的原因是由于瓶源太脏,以及清洗剂没有按时更换造成清洗机内的喷淋管部分堵塞,清洁度当然就低了。根本的解决之道应该是找出影响质量的原因,并予以解决。后来,针对根本原因对作业管理进行了改进：在饮料瓶进清洗机之前增加一道冲洗工序，每天定时更换清洗剂，每周清洗一次喷淋管，问题迎刃而解。

2．加速与提速

当然，生产节拍也不是一成不变的。当生产节拍与市场节拍不适应时，就需要提升生产节拍。通常，提升生产节拍有加速和提速两种。

加速是指让生产线的产品流逐步达到设计要求的过程。它通常用于新产品上市或新生产线启动。

加速前后，流水线的线速度不变。加速过程是通过问题解决，不断提高生产线的保障能力，降低停线率，从而提高产品流。

提速是指改变生产线的设计节拍，是一种通过改善/优化满足市场节拍提升要求的常用方法。

通常，通过不断实施现场改善和工艺优化，无须大量调整原有生产线的结构，可以将节拍提升50%以上，这相当于新建一条生产线。而且这种方法的成本和建设周期要低得多。

与加速不同，提速前后的流水线速度将不同，因此在提速之前必须重新进行工作平衡与工作分配，修改标准化操作。

另外，提速过程常常包含加速过程。

LCA50000000000000481
标准化工作

LCA50000000000000484
工作场所组织5S

LCA50000000000000495
目视管理

第五节　信息化

经营企业就是经营未来，经营未来就是经营信息。

企业信息化就是植入具有管理思想的信息技术。

一、信息化基本理念

信息化是指企业根据先进的管理理念，利用现代信息技术，建立与之相适应的信息模式，开发企业价值链的信息资源，不断提升企业竞争力的过程。

（一）企业信息化及其发展历程

企业信息化从20世纪60年代开始起步，发展至今共经历三个发展时期：欧美与日韩独立发展时期，欧美与日韩融合时期，全球系统集成时期。

20世纪60年代至20世纪80年代，是欧美和日韩独立探索企业信息化道路的阶段。这个时期处在美苏两大阵营对立的冷战时期。欧美日韩作为同一个阵营，经济贸易往来密切；但是由于经济发展水平和文化差异的原因，欧美与日韩的企业管理和信息化是在两条完全不同的路径下发展前进的。在这个时期，欧美和日韩的企业都在信息化中进行了大量卓有成效的实践和探索。

在这个时期，欧美的企业信息系统基本是经历了物料需求计划（MRP）、制造资源计划（MRPⅡ）、企业资源计划（ERP）三个阶段，其鲜明特点就是以计划为主线，建设企业信息系统。日本的企业信息系统则是以准时化生产为基础,逐步引入自动化,最后发展出管理信息系统,其鲜明特点是始终以现场主线,建设企业信息系统。

进入20世纪80年代,由于日本准时化生产模式的巨大成功,使美国认识到日本探索出了一种具有强大竞争力的管理模式,并逐步将这一理念融入信息系统中。于是,两种独立成长的信息化模式开始不断融合。在这个时期,以企业资源计划为代表的信息系统纷纷开展与精益生产方式相结合的探索和应用。在这个融合的过程中,信息系统向横向和纵向两个方向发展,催生了大量与企业管理融合的信息系统。横向以业务流程为主线,涌现了产品生命周期管理(PLM)、供应链管理(SCM)、制造执行系统(MES)、客户关系管理(CRM)等信息系统;纵向以自动化为中心,信息系统开始与物理世界的集成,出现与制造现场的向下集成,形成一体化的计算机集成制造系统(CIMS)、过程控制系统(PCS)等。

随着全球业务和网络的发展,企业信息化开始进入智能互联的全球发展时期。一是出现由智能机器和人类专家共同组成的人机一体化系统,开始逐步实现从订单到交付过程的智能制造,典型的智能系统有机器人系统、工业智能网络、物联系统等;二是出现给予互联网络的全球电子商务、数据交互、信息共享等企业内外部业务协同,典型的有网络营销、云计算、大数据等。

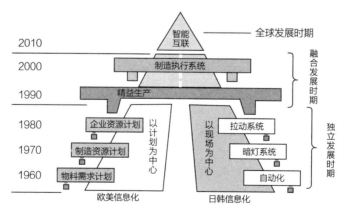

(信息化发展历程示意图)

（二）信息由战术资源转变为战略资源

信息的传播、利用与开发是很古老的。在古代，军队出去打仗前，都会先派出一些探子摸索敌方军情，以求知己知彼，百战不殆。但这仅仅是一个战术而已。在信息技术高速发展，信息渗透能力急速增长的今天，信息已经不是简单的战术资源了，而是一种关系企业生死存亡的战略资源。

传统的企业都非常关注人才、技术、资金、环境等生产要素。但是在互联网时代，社会生活方式、经济运行方式发生了本质的变革。信息凸显为企业新的核心生产要素，并且其他要素都是独占性资源，而信息则是共享性资源。信息在所有生产要素中处于领导地位，使人才、技术、资金、环境等诸要素得到了更有效的集成，将企业转变为更高效、更优化的有机整体。因此，我们可以这样认为：经营企业就是经营未来，经营未来就是经营信息。

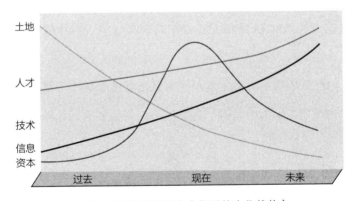

（信息在各生产要素中作用的变化趋势）

1. 信息结构由简单走向复杂

在全球化和互联网出现之前，由于信息的传播能力和传播渠道等的限制，世界范围内的信息就像一壶没有烧开的水，水壶里只是相安无事地冒几个气泡，在其周围激起一个个同心的小圆圈，很快就消失了。企业所感知到的信息是单一的。全球化的到来将世界信息这壶水给烧开了,到处都是气泡,到处都是波纹,已经分不清这些波纹是来自哪个气泡,信息显得异常复杂,最终就是一片沸腾的对流现象——你的信息影响我,我的信息影响你。

在当代信息社会,信息结构的复杂性主要表现为信息主体的多元化,包括政府的政策信息、市场的行业信息、第三方研究机构的商业信息,以及媒体的公共信息等多方面的信息。企业需要开辟多元化的信息渠道,以快捷、准确地捕捉有价值的信息,为企业发展服务。2008年,发生三鹿奶粉事件,全国出现一片奶粉恐慌,很多家庭改用豆浆、鸡蛋替代牛奶。九阳豆浆机瞅准这个机会,重磅推出豆浆机,打出"天然好豆浆",迅速打开了豆浆机市场,一跃成为厨电行业领军品牌。

2. 信息影响由局部走向全局

传统经济中一项应用技术的突破,最多影响某些局部的竞争对手,或者某个局部的竞争领域,是点或面的辐射。可是,电子商务模式的建立却让每个企业传统的商务模式受到空前的挑战,因为这是一种完全立体的辐射,是真正全局性的影响。

在这个网络经济的世界里,信息就好像一个蜘蛛网,网上任何一点的风吹草动都会影响到企业的生存与发展。

(三)有管理思想的信息化

企业信息化的关键词是信息。从管理的角度看,信息就是有效的资讯。获得有效的资讯需要发掘、筛选、分析和判断,否则就是无效资讯。如办公室窗外的汽车鸣笛声,互联网上拥有庞大的数据,我们不能简单地称之为信息。因此,企业信息化不能仅是数据的堆砌,还必须是数据价值的挖掘。

成功的企业信息化,不仅仅是信息技术的成功,更重要的是管理思想的成功。管理信息系统中，管理是灵魂、是目标，信息技术是工具、是手段。管理信息系统运用应该是管理思想"驱动"信息技术，而非信息技术"改造"管理思想。

信息系统就像一个人，信息技术就像这个人掌握的知识和本领，管理思想就像这个人的人生观和价值观。人没有正确的人生观和价值观，就算学识再渊博、本领再强大，也不会有大的社会成就。同样，信息系统没有正确的管理思想，再先进、再完美的信息技术，也不一定能够发挥价值。

1. 挖掘信息的价值

当你睡得正香的时候，突然一声汽笛声将你吵醒，你只会感到一阵烦恼，然后继续睡大觉。这声汽笛声给你的不是信息，只是一个消息：某年某月某日的某一刻，有一辆火车经过时发出的汽笛声，并不是你起床的闹铃声，只是一个令人讨厌的噪声。

2014年9月，"互联网实时统计"网站发布数据，全球互联网网站数量已经突破10亿，且还在持续增长。这对互联网似乎是一个值得庆贺的标志性数字。互联网就像一个数据的海洋，我们在网站上随便输入一个搜索词，就会出现成千上万条相关数据，而要在其中发现自己需要的信息却变得更加茫然——我们快要被淹没在数据海洋了。

显然，企业信息化不是建设一个数据海洋，而是要在大量的数据中挖掘有价值的信息。数据只是离散的、未经组织的事实的描述，包括语言、文字、图像、符号等。数据本身没有价值，只有转化为信息才会产生价值。只有经过选择、组织、分析，形成的具有一定意义的数据组合才是信息。用一个数学公式就是：信息 = 数据 + 处理。因此，挖掘信息价值需要抓好以下两个环节。

首先，需要建立完整、准确的数据管理系统。企业在运营过程中会产生大量的数据，包括设计、采购、制造、营销等各个方面，这些数据之间往往是彼此关联的，只有放到一个企业的运营系统中才会有意义。采集数据信息时要注意其完整性；同时，采集的数据信息必须准确，如果不准确，处理的结果也就不正确。

然后，需要建立快捷、直观的信息处理系统。数据信息采集的根本目的是用于决策。在这一过程中，人们仍然需要用视觉、听觉、触觉、嗅觉、味觉等感知信息，因此信息系统必须将数据处理成更快捷、更准确、更直观的信息提供给管理者。

2. 将恰当的信息以恰当的方式传递给恰当的管理者

现代信息技术具有强大的信息发掘、存储、筛选，以及数据处理功能，现代信息技术可以准确捕捉到大量对管理决策有价值的信息。问题是，管理决策只能是人，而不能是信息系统，信息系统捕捉的庞大信息并不是每一条都对管理者同等重要，不同的管理者往往需要不同的管理信息，如果信息系统将庞大的信息简单地呈现给管理者，那管理者必然会淹没于信息的海洋中。因此，信息系统必须将恰当的信息以恰当的方式传递给恰当的管理者。

恰当的信息就是与企业管理理念、原则、目标、方法相一致的信息，只有这样的信息才能符合企业实际情况和企业管理发展的需要。比如，企业要追求精益经营，我们却提供如何增加库存以应对市场需求变化的信息，这就不是恰当的信息。

恰当的方式就是提供最有利于管理者决策的信息表达方式。同样是一个月的产量信息，如果用一张表格罗列一个清单，看起来就会非常枯燥；但如果用一个图表，则要形象得多。显然，对于同样的数据，表达方式的不同就会使得效果迥异。实现有效的信息表达方式的关键是目视管理，将枯燥的数据转化为图表化、直观化的信息。

恰当的管理者就是找对需要信息的管理者，并及时传递给被管理者。从某种意义上说，信息就是一种商品，必须被它的客户所使用才能最终产生价值。

二、信息化的关键要素

信息化已经融入了现代企业的各个领域,成为企业的血脉。归纳起来,信息化包含了信息系统管理、信息平台应用、信息技术融合三个方面。

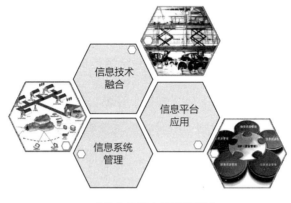

▲(信息化核心要素框图)

(一)信息系统管理

信息系统管理是指对信息资源开发利用的组织、流程、制度等进行规划与运行的管理过程。其目的就是定义并规范信息管理行为,有效挖掘信息价值并确保信息安全。

信息系统管理主要包含信息系统架构、信息安全管理、信息系统改进等。

信息系统架构是指企业根据业务发展需求,对应用程序、技术和数据的相应选择以及建设组合的规划活动。信息系统架构是企业信息化的总纲,具有较高的战略性和系统性。

信息安全管理是对企业信息进行安全保障的行为。在高度网络化的今天,外部攻击、安全漏洞、系统故障等都会造成信息安全问题。信息安全管理通常有信息风险评估与控制、信息安全策略、信息安全防护，以及应急计划等。

信息系统改进是对企业信息系统的建设、运行进行评估、改进的活动。企业应该制定信息系统评估标准并定期组织评估，以发现问题并指导持续改进。

（二）信息平台应用

信息平台应用是指企业信息软硬件平台及信息系统应用的集合。

1. 平台+应用模式

信息系统大致经历了局部功能应用、应用系统集成，以及平台+应用这三个发展层次。信息系统发展的早期，往往是根据企业某个单一的业务需求开发信息系统，满足局部功能应用；随着企业信息系统的不断增加，信息系统之间的业务与数据集成问题凸显出来，企业开始整合各个系统，建立更加庞大、复杂的系统，从而实现应用系统集成；随着互联网、云技术的发展，应用系统集成复杂封闭的集成模式、缺乏灵活性的数据机制、高额的运行维护成本，日益成为企业信息化的障碍，基于互联网的平台+应用模式应运而生。

平台+应用的模式在信息技术的工业领域已经有了非常成熟的案例。

一是手机，最开始手机就是一部功能单一的移动通信工具。随着技术的发展，开始出现智能手机，但都是通过集成的方式实现的，即手机制造商自己开发软硬件并生产手机。后来，苹果手机横空出世，通过开发手机操作平台，然后吸引大量应用软件供应商在其操作平台上开发应用软件，结果颠覆了整个智能手机产业，使得摩托罗拉、诺基亚风光不再。谷歌公司则干脆搞一个完全开放的操作系统安卓（android）平台，任凭手机制造商和应用软件开发商使用，结果涌现出了三星、华为、小米等新军。

二是数控机床，最初的数控机床就是在普通机床上增加数控软硬件集成，结果是数控机床上密密麻麻地布满一大堆按键，数控是实现了，但操作烦琐、功能单一。现在的数控机床完全不是这个样子，而是配有一个操作系统，变成加工中心，实现生产与设计的集成，使用者可以基于设计输出进行加工编程，从而方便地完成非常复杂的零件的加工。

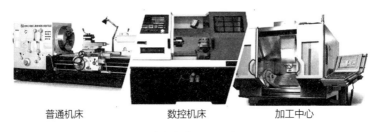

普通机床　　　　数控机床　　　　加工中心

▲（机床发展历程）

企业信息系统发展方向也将是这样，利用云计算、云存储硬件平台，打造网上信息管理平台，然后开发大量应用软件，实现企业信息系统革命性的发展。

2. 三类信息系统

归纳一下，企业信息系统大致分为三类：内容信息系统、物理信息系统、交互信息系统。

内容信息系统是指要对大量业务内容进行数据处理的信息系统。比如，财务管理系统，管理大量财务数据；仓储管理系统，管理大量物料数据；客户关系管理系统，管理大量销售数据。这类信息系统有非常明确的功能和流程，是企业信息系统的主体。

物理信息系统是与物理设施联合的信息系统。比如，过程控制系统直接与PLC集成，运输管理系统直接与GPS关联，工业控制系统直接与传感设备相连。这类信息系统往往是软硬件结合，是企业智能制造的主体。

交互信息系统是实现人与业务、人与人进行交互的信息系统。比如，办公系统帮助收发邮件、管理日程等，计算机辅助设计帮助实现产品设计，客户服务系统帮助实现企业与客户的交流。

以上三类信息系统都是企业信息化所需要的。从当前的发展来看，内容信息系统较多，物理信息系统发展较快，交互信息系统前景更为广阔。企业需要根据业务发展对三类信息系统进行合理规划，推动企业信息化均衡发展。

在未来的发展中，三类信息系统建设都应该充分考虑互联网的发展趋势，引导向平台应用方向发展。

（三）信息技术融合

信息技术融合是指信息技术与业务融合的过程。在制造企业中，由于存在产品、工程、工艺等鲜明的物理特性，信息技术与管理系统、制造工程的融合往往是信息化成败的关键。

1. 互联网+

在网络时代，信息技术融合应该充分应用"互联网+"的理念，借助互联网促进信息技术融合。

制造业是一个传统产业，但不是夕阳产业。制造业要实现的是将传统产业的管理方式和技术体系移植到互联网平台上，重新焕发光彩。

信息技术融合就是要在互联网+的理念下推进跨界融合。大量的工业企业通过电子商务、众创空间、众包服务等，改造商业模式、业务流程和制造方式，获得了巨大的成功。互联网+的发展将进一步推动制造业的业态创新，成为制造业转型升级的重要驱动力量。

2. 面向管理设计

面向管理设计就是按照精益经营的理念、原则、目标设计信息系统，是一个从管理系统中获取管理信息，经系统处理后使有价值的信息服务于管理系统的过程。

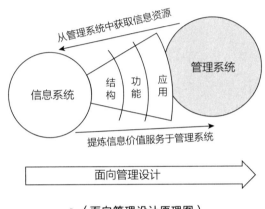

▲（面向管理设计原理图）

由于信息系统与管理系统是属于两个不同范畴的系统，管理系统是企业为实现绩效目标而开展的管理活动的系统，属于物理世界；而信息系统是对管理信息进行处理的系统，属于数字世界。两者的关系不能简单映射。因此，信息系统设计既不能是管理需求的集合，这样缺乏系统性；又不能是纯粹的信息逻辑结构，这样脱离管理现实。合理设计既符合信息逻辑结构、又满足管理需求的信息系统，需要正确把握信息系统的应用、功能、结构三者的相互关系。

首先是信息系统的应用，即研究管理系统对信息的普遍需求是什么，再根据这些需求确定信息系统的实际应用范畴和关键点。应用需求就像车间加工的零件一样，往往是多种多样的。我们不会为每一种零件设计一台机床，而是根据零件工艺选择一定型号的机床，然后设计一些工装模具等，就可以完成各种零件的加工了。同样地，信息系统也不会为特定需求设计一个模块,而是会提供一定的功能,然后根据企业实际进行适当的二次开发。

接下来,我们根据应用需求分析,按照业务与信息关系,进行归纳整理,形成由若干功能模块有机构成的信息系统。这些功能模块就像一台台型号不同的机床,满足一系列的应用需求。

对于信息系统设计,不能仅研究功能,还需要理解功能背后的结构。信息系统本质上是一个逻辑处理系统,需要高度严谨、自洽的信息结构,否则将导致信息缺失和逻辑中断,而且可能出现严重的功能障碍和结构瓶颈。信息系统结构就像建构一个工厂,不是简单地将所需的机床和设备组合起来,而是要根据工厂建设定位和目标确定整体方案,然后确定机床、设备等工程装备。同样,信息系统设计需要根据管理系统的理念、原则和目标进行整体规划。通常,我们将信息系统结构称为信息系统平台。

从应用、功能到结构,是面向管理设计的基本思考方法,任何缺失都会严重损害信息系统的系统性和可扩展性,甚至导致信息系统的失败。

3.融入制造工程

随着信息技术的发展,制造工程的网络化和智能化越来越普及,如制造执行系统、柔性制造系统等。如此一来,如何将信息系统与制造工程,以及生产运作深度融合,最大限度地发挥信息系统的功能,就成为企业信息化的重要内容。归纳起来,信息系统融入制造工程包含以下"四化":

①少人化:融入信息技术、智能装备等,逐步替代一般劳动,降低人工成本和弥补人工不足,如工业工程技术、质量确认系统、工程监控系统等。

②柔性化:提高工厂柔性和快速响应市场变化的能力,如暗灯系统、计划管理系统。

③绿色化:提高工厂节能降耗、绿色环保的水平,如能源管理等。

④平台化：推进工厂制造平台升级，如物联技术、云计算技术等。

三、信息化建设

（一）信息化的两个基本点

企业的行业特点和发展需求不同，信息化的方式也常常不同。根据我的经验实践，其中有两点可以作为企业信息化建设基本遵循的原则。

1. 以现场为中心

以现场为中心是精益经营的基本理念，信息化必须源于现场、归于现场。一方面，信息化的数据来源于现场，只有深入现场，才能真实、准确、高效地获得数据，为信息处理提供基本前提；另一方面，信息处理的结果最终必须服务于现场，如果销售数据分析不能让销售现场的人员了解、生产数据分析不能让生产现场的人员了解，那么信息处理的价值就等于零，因为所有的增值活动都必须由现场员工来完成。

在信息化建设过程中，首先应该站在现场这个原点上进行规划和设计，离开这个原点，就可能出现脱离实际、华而不实的情况。其次，应从现场应用需求开始建设，优先建设现场信息系统，然后逐步拓展到整个公司。

2. 简洁直观

制造企业的信息系统不应该是一个简单的信息技术产品，而应该是在现场可以实实在在、一目了然地看到集工业控制硬件和管理软件于一体的信息工程。

▲（直观的信息监控大厅）

首先，信息系统必须简洁。主要包含简洁业务流程和遵循"二八原则"两个方面。

（1）简洁业务流程　理论上讲，一切业务流程活动都可以信息化，但是，如果不分青红皂白地将所有业务流程活动都实现信息化，系统就会变得异常庞大，这样维护管理信息系统的成本将会明显增加，使得简单问题复杂化，得不偿失。因此，需要在信息化建设之前，对业务流程开展5S：第一步，整理，确定哪些是必要的，哪些是不必要的，将必要的纳入信息化建设规划；第二步，整顿，接下对必要的部分进行梳理，确定优先级，排出轻重缓急；第三步，清扫，检查现有业务流程的执行状况，分析利弊，避免错误的流程进入信息系统；第四步，清洁，对业务流程进行优化完善，形成业务流程最佳实践；第五步，素养，养成简洁业务流程的思维方式和习惯。

（2）遵循"二八原则"　二八原则即20%的少数决定80%的多数。信息化建设也存在"二八原则"，如常用的Office文档编辑软件，其功能非常丰富，但百分之七八十的人员只用到其功能的百分之一二十。因此，在建设信息系统时，同样要用"二八原则"评估一下哪些是真正重要的，以免做出太多华而不实的功能，徒增实施难度和成本。

其次，信息系统必须直观。企业信息系统是一个全员参与的应用系统，应该便于且易于员工了解。日常生产中的产量和质量信息，如果只是用表格呈现，就是一组枯燥的数据；如果转换成一系列图表，就清楚得多。在许多优秀的信息化企业中，常常可以看到现场挂着一幅幅硕大的看板，实时反映生产信息，在生产控制中心，可以安装多个电子屏幕，像飞机驾驶舱的仪表盘一样显示工厂信息。之所以这么做，就是为了一目了然。

员工使用信息系统，不是为了增强其信息化专业知识，而是为了方便工作。高效准确地完成工作才是员工的目的，否则就是故意不让员工使用。

因此，在信息化建设中，必须贯彻目视管理的原则，集成现代工业控制、传感技术、条码技术、射频技术、移动互联技术，以及电子看板等技术，建设看得见的数字工厂。

（二）信息化的三个层级

美国AMR（Advance Manufacturing Research）公司对大量企业进行调查后发现，现有的企业生产管理系统普遍由以企业资源计划（ERP）为代表的企业管理软件运作，如果没有工厂自动技术、现场监控系统等的有效支持，企业往往会陷入集成与应用不协调的尴尬境地，最后导致失败。1992年，AMR提出了将信息化分为计划、执行、控制三层的企业信息化模型。

信息化三层结构模型有一定的科学性，是企业信息系统架构的一大进步；缺陷是只考虑了企业信息的纵向层级的问题，而没有充分考虑到企业横向业务系统的问题。随着企业信息化的发展，三层结构模型与企业价值链结合，内涵和外延已经有了更进一步的发展，逐步形成了从商业资源计划、业务流程执行到现场作业控制等的全面信息化。

(信息化三层结构模型)

（1）商业资源计划　建立以企业商业模式引领，集成企业内外部资源，实施科学决策与高效资源配置的信息服务。围绕商业资源计划，主流的信息系统包括企业资源计划（ERP）、决策支持系统（DSS）等。

（2）业务流程执行　以企业价值链为主线，面向公司业务单元应用，建立业务运营系统。主流的信息系统包括制造执行系统（MES）、供应链管理（SCM）、客户关系管理（CRM）、办公自动化（OA）等。

（3）现场管理控制　以现场为中心，以过程控制为主题，推进操作自动化。主流的信息技术包括过程控制系统、机器人技术、物联技术等。

（三）信息化驱动业务流程变革

企业所有的业务活动都是依赖一定的组织与流程开展的，就像河流依赖河岸与水坝一样。但业务与组织流程的匹配是动态的，随着业务的发展变化，组织流程也应该做出相应的改变，才能有效支持业务发展，否则就可能成为业务发展的障碍。

长期以来，人们一直遵循亚当·斯密劳动分工的思想来建立和管理企业，把工作分解为最简单和最基本的步骤。按照这样的思想建立和管理的企业，会将分解的工作任务像堆积木一样重新组装成一个首尾一贯的工作流程，这就形成了由若干各自相对独立的部门依次进行工作的工作方式。这样的工作方式存在这样一个严重的弊端：市场响应周期很长，不能快速适应变化。随着全球化和信息化的发展，客户、竞争、变化等给企业带来严峻挑战，这种方式已经不再适应未来发展，必须对传统的组织流程进行变革。

在网络时代，组织越来越强调自主性和创造性，在业务流程变革中，信息系统发挥着不可替代的作用。面向流程的组织再造与业务变革，目的就是打破传统企业层级式管理的高墙，建立能够适应快速变化的机制与能力，以明显改善成本、质量、服务，以及速度等运营基础。这种变革要求打破职能边界，业务流程大大减少了业务集中控制，让组织更加扁平而紧密，流程更加简短而快捷。由于必须提供一个信息平台让业务快速地流动，于是信息系统成为支撑业务流程有序、高效运行的关键技术平台。

根据企业管理对象，流程变革具有战略流程重组、经营流程变革、作业流程改进三个层面。

1. 战略流程重组

战略流程重组主要是涉及商业模式、价值链等决定企业发展方式的流程重组。这种流程重组是战略性的，它往往能根本性地改变产业结构和生态。

以企业物流发展为例。传统的物流是供应商按照客户的需求，将货物直接运输到客户那里。但随着物流的发展，供应商开始逐渐将物流委托给第三方完成，从而大大提高了物流的专业规模和效率。后来，一些企业借助互联网，通过建设一个面向所有供应商、物流商和客户的物流信息平台，及时匹配物流需求和运输资源信息，让供应商和客户可以更自由地选择物流商，也让物流商增加更多的服务机会。

2. 经营流程变革

经营流程变革是针对企业经营活动的核心业务及流程变革，主要目的是提升流程的运行效率和客户响应能力。

以企业资源计划中普遍建立的采购支付流程为例。企业手工处理采购支付业务，首先由采购部门开具一张三联单，一份给供应商，一份给接收部门，一份自己留存。然后供应商依据这份采购单将物料送到接收部门（物流部门），物流部门核对物料数量并检查质量，然后填写相关信息，确认物料接收。然后，供应商再拿着单据并附上发票到财务部门报账。最后，财务部门再综合采购部门、接收部门上报的单据，确认付款。

这种支付流程，供应商必须依次跑完所有节点，才能得到货款。

企业如果采用信息系统，则可以避免让供应商拿着单据到处跑，各部门只需按照职责完成各自业务并将信息录入系统，财务部门就可以从数据库中直接核对相关数据，自动启动支付处理。

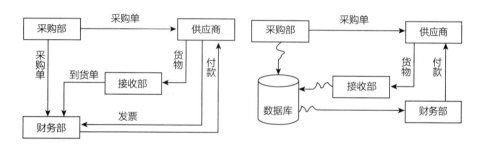

（采购业务历程重组）

3. 作业流程改进

作业流程改进直接面向工艺流程及操作方式的改变，以更加贴近客户，主要目的是降低成本和缩短周期。

模具制造企业的每一套模具都是根据客户要求定制的，模具的大量组建必须一一配对，因此作业安排是一个非常头痛的问题。

因此，模具企业在制品堆积如山、客户上门催货的场景十分常见。在没有信息系统的时代，这个问题的确很棘手，要保证一套模具在各个生产工艺阶段保持同步，并且不会出现严重的生产不均衡，确实很难。

唯有建立信息系统可以解决这个问题。在模具设计环节即对关键部件进行编码，管理人员对关键部件根据加工工艺进行生产排程，然后生成扫描码派工到现场。员工每完成一道关键工艺，就进行扫描确认。这样一来，管理人员即可在信息系统中实时了解各个组件的生产进度，并进行跟踪控制，最后组装时就不会出现缺件、等料的现象，从而大大缩短制造周期。

（四）三化融合协同推进

所谓三化融合就是精益化、数字化、智能化融合，三化融合是智能互联时代的鲜明特征，也是企业信息化的重大机遇。下面分享几个案例，供大家参考。

1. 工厂云让中小企业信息化不再困难

费用高昂是中小企业信息化之路上最大的拦路虎，主要是因为硬件投入较高。为彻底解决这一阻碍中小企业信息化发展的痛点问题，可充分发挥互联网优势，对工厂信息化进行大胆创新：

其一是搭建工厂云，省去了企业数据存储硬件及维护费用。

其二是对二维码绑定对象技术加以创新。移动支付大家都很熟悉，它用一个简单的二维码打败了POS机，成为人们须臾不离的电子支付方式。二维码绑定技术就是借鉴移动支付的思路，将工厂现场每一个数据采集点绑定为系统中的一个唯一代码，并转换成二维码张贴到现场，员工要进行数据采集时，只要用手机APP扫一扫现场的二维码，就可直接进入相应的数据采集操作界面。这不仅省去了大量的数据采集设备，还使员工操作变得异常简便。

有一家汽车空调机生产企业，原来打算用180万元打造执行系统，采取上述方案后，项目费用降到30余万元，不到原来预算的20%。

▲（员工现场扫码监控工艺参数）

对于许多尚未全面建设工厂信息化的企业来说，积极拥抱新兴技术，的确是一个突破障碍的机遇与方法。

2. 互联网+精益，推动全员参与信息化

精益是一项全员参与的管理行为。受传统的中心化思维的影响，企业信息化主要面向管理人员和技术人员，而生产一线人员很少与信息化打交道。因此，现场大量的管理还是采用传统的表格填写，这不仅效率不高，而且白白浪费了宝贵的一线数据资源。

我们想，既然现在智能手机已经基本普及了，那为什么不能让手机发挥更大的作用，实现互联网+精益的创新突破呢？

于是，我们打破常规，从一线基层员工入手，围绕质量、设备、人员等方面的管理，结合互联网开发业务计划执行、暗灯系统、现场分层审核、员工绩效积分、改善建议、微课学习等功能，大大拉进了一线基层员工与精益管理的距离。

其中有一家企业，将微课学习与目视管理结合起来，将微课二维码融入生产现场、展厅、员工餐厅等目视看板和宣传栏，使员工在阅读看板信息

时，还可以通过扫码对感兴趣的内容进行延伸阅读。这一学习和宣传方式的创新，大大提高了员工对目视信息的关注度和阅读兴趣。

▲（员工在展厅学习的情景）

3．协同资源，小改造大作为

在一次由政府组织的中小企业服务调研中，我们发现企业存在大量并不起眼的小微需求，但企业自身没有专业人员，又因为需求较小而找不到服务商，因此很是困惑。

我们深入了解后发现，近些年来，很多企业投入了不少资金用于技术改造和装备升级，同时遗留了大量新装备和老装备衔接的问题。但由于缺乏有效衔接，新装备的功能大为缩水。比如，有一条全自动机加装配线，由于上料工位老工装与新线不匹配，不能自动连接，因此不得不专门安排一个人工装夹。

这的确是一个中小企业的巨大痛点，同时也是一个巨大的、潜在的需求。后来，我们设计了一个政、校、企三方协同服务的方案，整合政府的政策与资金支持、高等院校丰富的专家资源和社会服务意愿，以及企业的商业运营和服务能力这三方优势，发起成立三化融合协同服务研究中心，帮助企业解决了大量的小微需求。

这个项目启动以来，各方收获都很大：企业以极低的成本解决了信息化的痛点问题；学校实现了工业工程、信息工程、机电工程等专业的协同服务，取得了许多非常有价值的科研服务成果；政府则有效地整合了精益化、数字化、智能化服务资源，提升了企业服务层次。项目还给了我们一个非常重要的启示，企业的信息化并不都是高大上的东西，关键是善于发现需求，并寻找恰当的方式解决。

LCA50000000000000501
信息化

LCA50000000000000524
互联网+精益工厂

第六节　持续改进

> 在市场竞争中，你可以比别人落后，但你绝对不能比别人改进慢。
>
> 欣赏和追求完美的态度是持续改进的不二法门！

一、持续改进基本理念

持续改进是建立在标准化的基础上，不断挑战现状，通过一系列小的改进获得最终改善的过程。持续改进是企业适应变化的基本准则。

（一）持续改进与管理变革

企业进步大概可以归纳为两个方面：管理变革与持续改进。

管理变革是指对企业的管理模式进行根本性的重新思考和彻底的重新设计，使企业在经营上取得新的、更加显著的成效。

持续改进是建立在标准化的基础上，不断挑战现状，通过一系列小的改进获得最终的改善。

企业致力于持续改进，以不断完善企业管理，提高管理效能。这是"做同样的事情，比别人做得更好"的经营竞争力的来源。

经营优势必然带来竞争对手的学习与模仿，随着学习与模仿的成熟，将会出现竞争趋同的现象，侵蚀整个行业的盈利能力。这往往会迫使企业进行管理变革，改变管理方式，打破同质竞争的困境。

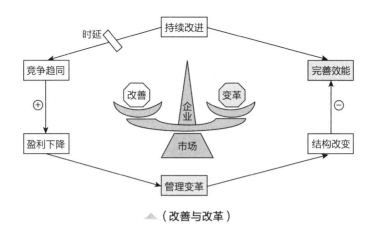

（改善与改革）

管理变革实质上是一个企业管理打破企业原有的管理结构，在新的管理结构下开始新的持续改进的过程。

从时间上看，管理变革的时间是短暂的，它是企业面对环境变化的战略适应；而持续改进作为企业长期的经营理念，则始终影响着企业的成长。持续改进因而成为经营管理的基本原则之一。

（二）日本发动机的故事

日本的发动机起步较晚，在整个20世纪50年代，它还处在引进美国技术进行制造的阶段。当时，美国拥有号称世界首创的十几项发动机技术，其发动机产品和技术称霸全球。可是进入20世纪60年代中期后，日本的发动机就开始返销美国，并且性能比美国的同类产品优良，价格却更便宜，于是吸引了许多美国的客户。这让美国汽车业界感到非常惊讶：短短十年间，日本怎么可能造出这样的发动机，他们用了什么秘密的技术？于是，美国便派遣专家团到日本访问，结果到日本丰田公司的发动机厂现场参观时，他们大吃一惊，原来日本沿用的还是之前所引进的美国的技术，只是每一项技术都做了改良，并且管理更精细。秘密就在这里。

进入20世纪80年代，日本汽车已经成为世界上最具竞争力的产品之一。此时，为了扩大产能，日本政府加大了对发动机研发制造的投资。当时，日本政府经过分析预测，认为国际油价将维持较长一段时间，因此，主流需求应该是相对小功率、省油的发动机。于是投放了大量 4 缸直列机的生产线。可是投资还未完全见效，国际油价便出现回落，美国等西方国家又开始转向购买大功率的 V 型发动机。这让日本陷入了一个困境：是否要重新投资新建 V 型发动机生产线？但这将会损失巨大，而且时间不允许。最终，日本人没有选择重新投资 V 型发动机生产线，而是集中技术力量对 4 缸直列发动机进行改良，以应对 V 型发动机的攻击。结果，日本在 80 年代末推出的新型发动机的性能优于 V 型发动机，让美国人误以为日本发明了一种比 V 型发动机更先进的发动机。

这给了我们一个很好的启示：持续改进的成果毫不逊色于管理变革、技术创新等努力的成果。著名管理专家今井在《现场改善》中指出："当今调整发展的公司不一定是长期发展的赢家。美国公司已经开始了高成本削减和重组机构，各公司解雇人员，缩减和关闭不太盈利的部门，却没有改进公司内的经营方法。如果你去了生产现场，你就会发现其改进只是减少人员和厂房，而没有对人员操作、减少成本、改进质量和满足顾客需求的公司文化进行改进。这样的公司从长远来看是不行的。"

（三）欣赏，而不是审视

与管理变革的破旧立新不同，持续改进是建立在标准化基础上的创新过程。即使如此，改进过程也是充满波动且曲折的。

一方面是由于原有的平衡已被打破，而新的平衡还没有建立起来；另一方面是由于改进是一个学习的过程，新的方法和措施需要实践加以检验。我们不可避免地会遇到新的问题，甚至会出现短期内不如改进前的水平的情况。这往往会成为我们改进成功的最大障碍。

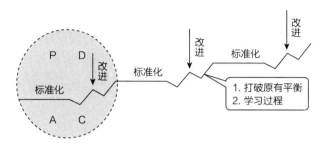

▲（持续改进与标准化关系）

战胜它的关键取决于我们的态度：欣赏它，还是审视它？

什么是欣赏与审视？好比小伙与姑娘约会，两人一坐下来，畅谈人生、理想，有了相见恨晚的感觉，也许小伙没有注意姑娘脸颊上有一颗痣，这是欣赏；两人一坐下来，小伙先发现姑娘脸颊上有一颗痣，于是姑娘的话一句也没用心听，这是审视。

改进就是与成功约会。欣赏，让我们看到机会；审视，使我们被问题阻碍。一切都取决于我们的态度。

二、持续改进的关键要素

一部手机，原来的待机时间为3天，现在可待机5天，这就是改进，所以改进要有一个标准或期望存在。超过标准或期望，才是改进；没达到，这就是问题，就要先解决问题。

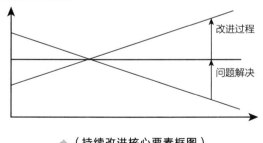

▲（持续改进核心要素框图）

第二章 蓝图：精益经营六项原则

（一）实际问题解决

管理就是在问题解决过程中进步与发展的，没有问题，就是最大的问题。

存在问题并不可怕，可怕的是对问题视而不见，或者没有积极解决问题的态度。

1. 将问题看作进步的良机

有问题不一定就是坏事。市场形势不好，销售下降，这本来是个不好的消息。但是，竞争对手也不好，只要企业能够迎难而上，也许此时正是企业战胜对手的绝佳时机。

一家充满活力的企业并不是不存在问题，也不是从不犯错误；这家企业只是勇于发现问题，并且能够积极地面对问题，能够通过改进取得进步。

我们不要担心问题，而应该关心我们是否比别人改进得更快。这才是最重要的。

2. 用系统的眼光思考问题

一名员工在安装车窗玻璃时，玻璃从车上滑落下来，跌到地上，摔碎了。

我们应该如何处理这样的事故。

有人可能认为这是员工过失，应该由员工来负责。但是，只要我们仔细分析一下，就会发现背后存在大量的管理问题：

也许是我们给员工设计的车窗玻璃的安装工具不合理。

也许是我们出具的车窗玻璃的安装方法考虑不周密。

也许是我们给员工的工作任务太重。

也许是我们对员工的培训和指导不足,员工没有掌握操作要领。

也许是员工有心事,工作精力不集中。

也许是车窗本身不合格,玻璃放上去不能有效地定位,结果滑下来了。

……

所有这些,都与管理者、工程师等支持人员有关。我们应该从玻璃摔碎的事件中深入分析背后存在的一系列管理原因,改进我们的工作方法,这才是真正的问题解决之道。

任何一个现场的问题都会反映管理系统的问题,精益生产就是使我们树立系统的观念,不要简单、孤立判断一件事情。

3. 问五个"为什么"

美国华盛顿广场上有名的杰弗逊纪念大厦建成之后不久,墙壁便出现了裂纹。最初,大家认为损害建筑物的元凶是酸雨,而进一步研究后却发现,造成墙体侵蚀最直接的原因,是每天冲洗墙壁所用的清洁剂具酸蚀作用。

那为什么每天都要冲洗墙壁呢?因为墙壁上每天都有大量的鸟粪。

为什么会有那么多鸟粪呢?因为大厦周围聚集了很多燕子。

为什么会有那么多燕子呢?因为大厦墙壁上有很多燕子爱吃的蜘蛛。

为什么会有那么多蜘蛛呢?因为大厦四周有蜘蛛喜欢吃的飞虫。

为什么有这么多飞虫?因为飞虫在这里繁殖得特别快。

为什么飞虫在这里繁殖得特别快?因为大厦开着的窗户反射太阳光,大量飞虫聚集在阳光下,超常繁殖……

原来,大厦墙壁上的裂缝与开着的窗户之间存在着莫大的因果关系。

日本人将这种寻根究底式的分析问题和查找原因的方法形象地称为问五个"为什么"。解决问题首先不是方法,只有找到问题的原因,对症下药,才能从根本上解决问题。

（二）不断挑战现状

企业现在处在哪个发展阶段并不重要，重要的是企业要拥有前进的动力和方向。优秀的企业总是不满足于现状。

微软公司有一句名言："我们离倒闭永远只有十八个月。"这就是在告诫企业不要满足现状，如果停止进步，面临的就是无情的死亡。

微软是全球少有的一家拥有绝对行业领导地位的公司，但仍在自己构建的软件帝国中不断刺激消费者的眼球并扩充自己的业务。微软的三大核心产品：Windows操作系统、Office办公软件、SQL Server数据库，基本保持每年有一个版本的升级，平均每三年推出一个全新的系统平台。这在软件业中是很不容易做到的。

不断挑战现状，是企业战胜对手、自身发展壮大的永恒办法。

1. 增值与非增值

改进，首先着眼于目标价值。

如果我们仔细研究企业的业务活动过程，就会发现实际上有两种类型的活动。

第一种是增值性活动。换言之，这种活动能够直接为客户增加价值，客户因而愿意为这种活动付款。例如，丰田汽车的员工在生产线上装配轮胎；麦当劳的服务员在餐厅里为客户准备食品，哈佛大学的教授在教室里为学生授课，等等。

第二种是非增值性活动。这类活动并不能够直接为客户创造价值，因此客户不愿意为这种活动付款。这一类活动又可以分为两种：

一种是虽然客户不愿意付款，但是企业认为必不可少，这是必要的非增值活动。例如，丰田汽车公司的员工在汽车发运之前进行质检，麦当劳餐厅的服务员为客户填写账单，以及哈佛大学的教授听取学生的意见。

另一种是客户不愿意付款，企业也不愿意看到，这是浪费。例如，丰田汽车公司的员工为划伤的轿车车身修补油漆，麦当劳餐厅的服务员擦洗被油污弄脏的餐具，哈佛大学的教授纠正一个错误的说法，等等。

浪费不创造任何价值，却在企业中俯拾皆是，直接吞噬着企业的利润。善于发现浪费并改进的企业，才能成为真正的竞争强者。

2. 追求卓越、快速改进

有人将精益的本质概括为"全员参与、持续改进"。

一个企业有没有未来，起点并不重要，关键是看有没有追求行业领跑地位的态度和意志，并且形成快速改进的机制和动力。

五菱之光是我国第一个单车销量突破100万辆的车型。它的起步并不顺利，当时微车行业风头正盛的是长安之星，五菱之光是对手已兵临城下而被动开发的一款车型。由于自主开发经验不足，时间又比较仓促，因此2003年上半年上市时，无论是外形还是质量，五菱之光都赶不上长安之星。可贵的是，五菱之光的改进速度惊人，一年一个台阶，最后成为支撑五菱公司赢回霸主地位的神车。

2005年，东风小康第一辆汽车上市，之后用短短三年时间一跃成为仅次于五菱、长安的第三大微车品牌。其起点也不高，只是一家东风汽车与民营企业合资的公司，初期投资才2亿元，装备水平也不高，合资方又不懂汽车。就是凭着"决策快、行动快、改进快"的三快精神，东风小康硬是闯出了一条大道，成为汽车行业的一匹黑马。

五菱之光04款　　　五菱之光05款　　　五菱之光06款

（快速改进的五菱之光）

持续改进没有终点，最好的始终在未来！

LCA50000000000000500
实际问题解决

第三章
路线图：精益经营之道

精益经营不是一个结果，而是工业生产不断发展的一个阶段；它是智能互联时代的呼唤，企业无论身处何处，也无论有多少理由，都必须走上这条道路。

精益经营是一场全面的变革，面临着从理念、原则到方法的巨大挑战。我们不仅要学习精益经营的方法，还要掌握方法背后的原则，更要更新原则背后的理念，只有这样，精益经营才能真正到来。

变革是一个否定和超越的过程，与过去的生产方式变革一样，精益经营必然会面临前进中这样或那样的困难。但只要找准了方向，就不怕路途遥远。

第一节　我们将何去何从

今天,我们似乎进入了一个微利时代,无论是哪个行业,如果仅依靠规模,利润空间就会很小。很多企业苦心经营,只能勉强获取十分微薄的利润维持企业的生存。稍有不慎,就会跌落亏损的万丈深渊。

要想突破这个成长上限,就只有用创新超越效率、赢得未来!

一、重新审视企业管理

(一)管理双螺旋:战略与运营

管理可以分为战略与运营两个方面。

通俗地讲,运营就是"做同样的事情,我比你做得更好"。日本秉承这种经营哲学成就了20世纪60年代以来的经济奇迹。

战略就是"做不同的事情,发现新的利润区",美国利用这种战略法则,重塑了自20世纪90年代至今的经济强势。

未来是一个战略与运营相互融合、齐头并进的时代。运营与战略就像DNA的双螺旋结构,共同决定了企业的发展。

(战略与运营双螺旋)

（二）刀片利润与精益经营

今天，我们似乎进入了一个微利时代，无论哪个行业，如果仅仅依靠规模，发现利润空间都很小。很多企业苦心经营，却只能勉强获取微薄的利润来维持企业的生存。稍有不慎，就会跌落亏损的万丈深渊。

很多人将原因归咎为竞争太激烈、经济形势不好等。其实不然，我国经济持续快速发展，改革开放三十年来的平均 GDP 增长率接近 10%。这意味着国家每年创造 10% 的新市场机会，经济形势何来不好？

我国的企业是幸运的，国家改革开放的政策提供了企业飞速发展所需的土壤和空间；但又是不幸的，因为企业从来没有经历过经济萧条的洗礼，经营观念、经营意识、经营能力普遍较差，导致今天竞争稍微激烈一点就招架不住。

我国的企业被过去市场的高额利润喂得太肥了，对变化的市场失去了应变能力，步履蹒跚，效率低下，以致无法与经历过市场风雨洗礼、如狼似虎的国际公司同台竞技。

2008 年国际经济危机以来，我国经济进入转型升级的新时期，过去高速增长的日子一去不复返了。企业要想继续生存，唯一的办法就是树立经营意识、改变经营观念、提高经营能力，消除身上多余的脂肪，让自己强壮起来，从而走向精益经营之道。

（三）从广度发展转向高度发展

企业有广度和高度两种发展方式。所谓广度发展，就是依靠规模扩张赢得自身发展；所谓高度发展，就是依靠创新引领行业发展。

长期以来，我国总体处在工业化阶段，加上庞大的市场规模，让企业形成广度发展的路径依赖。

长期的广度发展方式已经积累了比较严重的产业结构问题。有些产业链中拥有优势地位的企业，利用已有的优势地位，控制供应链企业，不断扩充地盘，形成了明显的产业链等级：核心企业就像皇帝，一级供应商就像贵族，二级供应商就像平民。产业链变得固化，缺乏生气，进而阻碍产业的转型升级。这绝不是一个可持续发展的产业生态！

现在，我国已经进入工业化后期，市场总量已趋饱和，已经没有多少广度机会了。按照国际经验，这个时期是从1-N的效率驱动向从0-1的创新驱动转换的关键时期。为了产业的未来和自身的长远发展，企业必须摒弃广度发展方式，立志高度发展，投资未来、潜心创新、长期积累，引领产业转型升级。

短期来看，高度发展风险高、见效慢；长远来看，这恰恰是企业突破自我，缔造产业领袖地位的机遇。我国目前正在进行供给侧改革，各企业不应做产业链上的皇帝，而应做产业链上的领袖，向高度发展挑战，引领产业发展，做未来的赢家。这才是真正的强者，才能缔造企业永续发展的全国梦和全球梦。

（四）用精益经营提升质量效益

我国已经成为全球制造中心，工业经济体量庞大，但是大而不强。基于此，我国提出了"中国制造2025"发展战略，这将是企业经营全面提升的关键时期，企业需要通过提高经营效率来获得新的回报，并培育出核心竞争能力。这将是企业发展的分水岭，产业不断集中将使多数没有质量效益的企业迅速死亡，而少部分企业将在残酷的竞争中培育核心能力而获得更大的发展空间。

对于一个具体的企业，提升质量效益可以分为两个方面：其一，变革管理方式，想尽一切办法减少浪费，这是精益化；其二，利用互联网络与智能技术提升制造平台，这是数字化、智能化。

企业通过精益化、数字化、智能化融合，实现转型升级，这就是精益经营。这场以精益经营为导向的转型升级，就像从三代机向四代机的跃进，如果不能尽快实现这个转型升级，企业将来面对的就将是三代机迎战四代机的困境，其结局将是不言而喻的。因此，企业只有凤凰涅槃，才能化蛹为蝶，获得新形势下的经营效率，成就未来国际企业的基业。

（五）精益经营，不死的话题

有些企业利用自身的规模优势或产业地位进行企业战略重组，获得了较大的成功；也有些企业，抓住了智能互联时代的技术变革机遇，进行商业模式创新，也获得了巨大的成功。战略管理带来的巨大诱惑，让很多企业忽视了经营管理的基础性作用，陷入了战略管理的误区，这是一个非常危险的信号。

在充分开放的市场中，任何战略管理都无法保护拙劣的经营管理对资源的长期低效利用。如果战略管理成功的企业不能对此保持清醒，那么将最终吞下苦果。

企业的能力成长是一个连续的过程，不能奢望通过战略实现突变。即使是战略，也需要经营，否则战略管理将在竞争中枯竭。长期而言，最终的市场领导者将是战略管理和经营管理都非常优秀的公司。

可以肯定的是，精益经营将因为其对经营效率的不懈追求，成为每个致力于永续发展的企业的永恒主题。

二、从原始到精益

从原始到先进，如同从羊肠小道进入高速公路。也许你是羊肠小道上的高手，而一旦进入高速公路，你必须彻底告别过去，重新开始，否则就是

"李自成进京"。

很多成功的企业都是在过去恶劣的竞争环境下脱颖而出的强者,自然绝非平庸之辈。可是,时至今天,企业规模大了、实力强了,反而迷失了自我。

(一)走在乡间小路的驾车高手

这些企业遇到的问题,与在乡间小路驾车的老手上高速路是一样的。一个在乡间开车的老师傅,天天面对羊肠小道,道路曲折、坑坑洼洼,有时泥泞不堪,有时尘土飞扬。但这些都难不倒身手矫健的老师傅,他能够应付自如。而现在他面对的不是熟悉的羊肠小道,而是宽阔的高速公路。尽管路况要比过去好得多,可是看着旁边风驰而过的汽车,老师傅手里直冒冷汗。不是他技术不行,只是他所处的环境变了。

我们要做的,和这位老师傅一样:一方面不要抱怨环境不好,总想重新回到羊肠小道上去;另一方面要抛弃所有成见,树立信心,调整姿态,重新学习。这样不但会是羊肠小道上的高手,也一定能够成为高速公路上的高手。

(二)企业成长的必修课

现代企业从诞生到成熟,大致需要经历创业、成长、正规化、精细化、系统化五个阶段。

在创业阶段,企业面临巨大的生存危机,主要依靠独特的商业机会和创业激情获得成功,管理要求不高。

创业初步成功带来的巨大商业前景会迅速聚集一批新的事业伙伴,尽管各路诸侯云集,但是企业并没有形成有效的组织能力,基本是依靠各路诸侯的个人领导艺术在推动公司迅速发展。

这个野蛮生长阶段的管理带有浓厚的经验主义色彩。当企业发展到一定规模，经验主义的局限性和团队目标冲突就开始凸现。企业需要强化科学管理，提高管理专业性，推进正规化建设，获得规模优势，实现企业发展的新突破。

随着企业的进一步发展，业务越来越多，分工越来越细，管理越来越精细化。管理的精细化发展，迫使企业内部各组织发挥集体智慧来让企业管理更加专业、精确、细致。企业需要让各级组织和个人共同瞄准行业最佳实践，赢得效率优势，促进组织的成长和管理的发展。

精细化是管理的深度发展，这种深度带来专业的管理的同时，也会带来专业的偏见。企业管理必须在精细化的基础上面向未来发展，进行提炼和规划，结合现代装备与信息技术，并使之系统化，从而站在新的管理高度上打造企业的精益经营模式，持续开拓创新。

精益经营系统随着企业的成长而不断深入，是企业成长不可或缺的必修课。

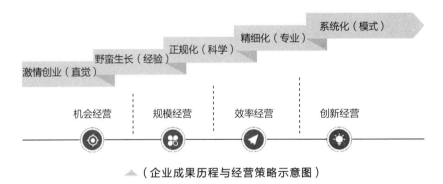

▲（企业成果历程与经营策略示意图）

（三）一项重构经营的管理工程

从管理理论到实践成果，有一个重要的桥梁，就是管理工程。就像建一座房子，需要先根据设想画出图样，然后按照图样组织工程施工，最后变成现实中的房子。

（管理从蓝图到实现）

精益经营就是这样一项管理工程，它涉及生产组织、质量管理、工程技术、供应链管理、人力资源等经营管理的各个方面，是一个综合各种管理与技术的系统工程。

如果用工程类比，精益经营首先不在于方法。比如企业要建一条新的生产线，首先需要了解这项工程的目标与定位：这条生产线将用于生产什么样的产品？使用寿命是多久？用多少钱建？采用什么样的工艺？购买什么样的设备？等等。如果我们在一个以人工作业为主的工程中安装一个工业机器人，那这个工程就可能变得不伦不类。工程的学问在于：根据目标选择合适的方法，并按照一定的步骤实现它。

一项管理工程能否成功，取决于以下几个重要方面：

首先，把握企业的现状及其特点。建设精益经营不能将企业完全推倒，然后按照理想构建。企业是一个活生生的经营组织，必须尊重和理解其现状及文化，并以此为起点，确定精益经营的目标与途径。

其次，制订与成长相适应的路线图。企业的成长是一个过程，精益经营也是一个过程。必须基于成长的观念进行规划，并描述实现精益经营目标的若干阶段及其方式——路线图。

再次，绩效驱动，协调发展。我们无法针对一个企业设计精确的路线图，我们也无法预见将要出现的各种困难和问题。我们必须以公司整体绩效目标来驱动精益经营，并根据绩效（短期绩效与长期绩效）不断调整和完善路线图，促进经营管理各项业务的协调发展，才能使精益经营推进过程不至于迷失，确保精益经营促进公司的持续成长。

（四）建设企业经营的高速公路

精益经营不是与传统制造对立的事物。企业在没有精益经营以前，已经有自己的生产方式了，只不过这种生产方式不够先进、竞争力低下而已。因而企业必须明白：精益经营不是增加管理方法，而是改变管理方式。

就好比我们从广州到深圳，过去走的是羊肠小道，需要花费八九个小时，但也能够达到目的地。而现在，广州到深圳有了高速公路，我们开车只需两个小时就能抵达目的地。

三、回归精益经营的本质

精益经营需要方法，但不仅仅停留于方法，方法的背后有原则，原则的背后有理念。精益经营是一个从理念到方法的有机整体。

精益经营带来巨大竞争力的诱惑，吸引了现代企业对精益经营的追求，但是真正成功的企业并不多见。

有一家公司在对比了精益企业的管理后，深有感触，于是决定推进精益生产，引入了5S、目视管理、拉动系统、标准化操作等先进管理工具。

公司对精益活动给予极大的关注，也组织了专门的项目机构。大家热情很高、干劲也很足，短短三个月，现场就发生了较大的变化。奇怪的是，三个月之后，很多改进维持起来很困难；半年后，精益活动偃旗息鼓，不了了之。现场留下几缕斑驳的油漆与和风飘动的记录表格。

难道是方法不够专业吗？公司进行了专门的学习并聘请了顾问，拥有的专业方法和工具比丰田公司创立丰田生产方式时成熟多了。难道是不够重视、不够努力？公司成立了专门机构，而且进行了很好的动员，员工并不缺乏应用精益经营的意愿。

那问题出在哪里呢？

（一）精益经营到底是什么

精益经营是移动互联时代制造企业的转型升级之道，可以概括为从机会到能力的转型以及从效率到创新的升级两个方面。

1. 从机会到能力

有很多企业家非常优秀，他们白手起家，短短十余年间将公司迅速发展成为行业内小有名气的大企业。他们具有深邃的洞察力和敏锐的商业直觉，可以用不到一个小时对一个博士团队辛苦一个月写出的分析报告做出判断："这个报告很好，我再补充两点看法……""我还有一个接待，大家继续讨论，会后马上组织实施。"又或者说："不用再说了，我给你们提三个问题，重新研究一下，回头再报告。"

如果从纯粹的商业角度说，这些是企业家的优秀品质。但这是典型的机会型经营模式——领导的高度就是企业的高度、领导的能力就是企业的能力。这样的经营模式，存在两个非常严重的问题：①领导与员工之间出现巨大的沟通障碍和认知偏差，就像一条长龙，龙头到龙尾大相径庭。结果领导自己疲惫不堪，对下属恨铁不成钢，执行力和创造力都很差。②经营风险较高，一旦领导判断失误或者意识不到，整个企业便都被连累。

因此，企业要想发展长远，就必须从经营机会转变为经营能力——超越个人能力的组织能力。这是一个需要耐心和毅力的过程。

如何培养组织能力呢？关键有两点：

其一，培养团队。企业领导将培养团队作为管理的优先工作，而不是带领团队获取业绩。作为企业领导，需要有独特的知识与经验，领导的最大价值在于让整个团队分享自己独特的知识与经验，将个人能力上升为团队能力。团队能力成长起来了，团队领导也可以得到升华，跃升到更高层面思考问题。这种管理方式的改变在短期内可能会伤害业绩，这就需要领导具有勇气和智慧。

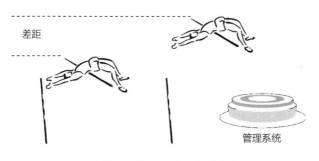

▲（管理系统提升企业竞争力）

其二，建设管理系统。现在有很多企业，如果从规模上讲，已经是世界级的了。可是，这些企业并没有获得与规模相一致的竞争地位。其生存质量也与世界级的公司存在明显的差距。这种差距的根源究竟在哪？除了资金、技术等硬实力存在一定差距之外，最根本的就是缺乏国际公司经过长期积累建立的管理系统。这个管理系统就像企业筑起的高台，使每个站在这个高台的员工都能获得一个先天的高度，从而让企业在竞争中跳得比一般的企业更高。

2. 从效率到创新

精益生产以其高度的柔性、快速响应市场变化的能力超越了大量生产，但本质上仍然是工业时代的效率。在智能互联时代，市场与客户瞬息万变，产品与技术快速迭代，仅仅具有效率显然是不够的，还必须具备创新能力。

效率的本质特征是从 1~N，依靠的是规模；创新的本质特征是从 0~1，依靠的是知识。

效率驱动到创新驱动的重要趋势是智能互联。基于智能互联的生产，主要价值创造不再是实物的生产，而是知识的创造。如汽车新能源、智能驾驶，其优势绝对不是产能和传统经验，而是新技术应用。事实上，新能源汽车的制造反而比传统汽车结构更简单，制造更容易。

21世纪以来，工业生产在实物技术上的改变越来越少，在智能信息技术方面的创新越来越多。仍然以汽车为例，车身及其发动机的进步主要在电控技术方面，占整车成本已超过40%。如电喷技术、防抱死制动技术（ABS）、电子制动力分配装置（EBD）、电子稳定程序系统（ESP）、汽车导航技术等，这些技术的成本绝大多数在芯片与软件研发上。

因此，我们必须顺应这个形势，推动企业从"效率驱动"向"创新驱动"转变，从而建构起新的竞争优势。谁更早开始这个跨越，谁就掌握了未来的主动权，谁就是精益经营的成功者。

（二）从思想到方法

把握精益经营，我们既不能抽象地理解为一种空洞的理念，也不能简单地将之理解为一堆具体的方法，而要将思想、团队、机制、方法这四个层面作为一个有机的整体进行全面把握：以思想引领方向，以团队凝聚能量，以机制激发活力，以方法提高效率。

1. 精益经营哲学

精益经营首先是经营哲学，而非管理工具。这个哲学就是智能互联时代的精益思想。

什么是精益？很多企业拥有庞大的规模、雄厚的资金、先进的技术等，却不一定就是精益。其实，实施精益经营并不需要这些东西。日本丰田公司在 20 世纪 60 年代就是一家十分精益的企业了,但那时它的规模并不大,而比它大得多的通用汽车公司却一点都不精益[⊖]。

精益经营一方面要坚持精益思想,激励人们在所做的任何事情上消除浪费,在尽可能短的时间内对客户需求有所反应,从而使利润最大化;另一方面企业要超越精益思想,不再以自我为中心,超越自身的认知范围,将精益生产的效率和智能互联的创新有机结合起来。

2. 培养和塑造团队

精益经营是一个团队优先的经营体系。在精益经营体系中,团队始终是最核心、最重要的资源。

没有训练有素的员工与团队,精益经营就不会有长久的生命力。

精益经营必须强调先人后事[⊜],将挖掘和发挥人的智慧作为管理的第一要务,甚至要为了培养和塑造团队而愿意暂时放弃短期绩效以及先进的方法和技术,直到团队有意愿且有能力接受它。

人的理性是有限的,片面强调最佳决策与实践,实质是剥夺了组织学习和共识的时间,最终欲速而不达。精益经营的发展速度,并不取决于部分人员的远见卓识,而取决于全体成员的成长速度。

这才是精益经营对于团队的正确态度,才是培养和塑造团队有效途径。

3. 引导全员持续致力于改善的机制

很多企业有非常完善的制度,可是缺乏有效的执行。因为这些制度是管

⊖ 自 20 世纪 90 年代以来,通用汽车公司也开始系统地实践精益生产方式,并取得了巨大的成就;其还通过将战略管理与经营管理进行有效结合,使精益生产有了更进一步的发展。

⊜ 先人后事的观点在《从优秀到卓越》一书中有很精辟的阐述。

理者根据自己的意志制定的。精益经营更强调机制,即人与制度的融合与互动,是组织实践的结果。

机制是活的,它以人为中心,能否激励和引导人是机制成败的准则。这样的机制就能真正激发出全员的参与感、成就感和归宿感,从而做到"随心所欲不逾矩",促进他们不断挑战自我、持续改进,而不是束缚和控制员工的行为。

4. 融入精益经营机制的方法

在精益经营理念中,方法是最后的(并不是说不重要)。只有具备良好的思想、团队、机制的企业,方法才会被赋予生命和灵魂,并被创造性地实践和发展。

如果某个方法效果不佳,我们首先应检讨的不是方法是否科学,而是思想、团队、机制是否出现了问题。方法是人创造的,只要思想、团队、机制到位,即使方法不是很好,也会很容易被识别出来并得到改进。

第二节 企业管理如何化蛹为蝶

> 精益经营是一场变革。很多人喜欢将变革看成是打破一个旧世界,建设一个新世界。但我们并不这样认为。变革应该是为建立新生力量成长的环境。

精益经营是在企业管理发展进程中形成的一种管理理念和经营哲学,揭示了现代生产方式的一般规律和方法。对于具体的企业而言,则必须有一个对这种方式进行实践和成长的过程。

精益经营是一个从传统制造到先进制造实现华丽转身需要经历一个企业管理变革和转型升级的过程。

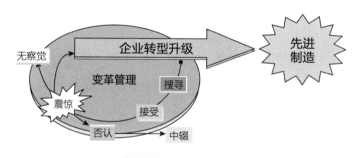

▲（从传统制造到先进制造）

企业管理变革：精益经营是一场变革。要做成精益经营这件"事",首先要改变经营这个"人"。如果员工不能改变观念并接受新的知识,那么再好的事也做不成。

转型升级实践：精益经营是在智能互联时代背景下的转型升级过程。企业从传统制造方式转变为精益经营方式,不可能将工厂推倒之后再按照精益经营的理论模型直接套用,而必须按照企业学习和成长的规律逐步积累,并在实践过程中获得企业的绩效和竞争力。

一、企业管理变革

精益经营挑战的不是方法，而是人的观念和思想。很多企业可以承受高强度的磨难，克服高难度的技术，但不能挑战自己形成的观念和思想。

建立精益经营系统是传统企业必须经历的一场痛苦的、脱胎换骨的变革，是对企业经营方式进行根本性变革，是帮助企业适应新的更富挑战性的经济环境的变革。

（一）从文化的高度思考变革

两面针是我国知名的日化产品公司，但在近几年的市场竞争中出现了比较严重的滑坡。一位在国际同行中颇具声望的管理专家临危受命，担任该公司的总经理。

他在对公司进行了比较深入的了解后认识到，如果不对公司进行大刀阔斧的改革，就很难扭转当前的颓势。他首先对营销系统进行了重大的组织和营销策略调整，这个调整也收到了一定的成效，可是并没有维持多久。

在这种背景下，两面针开始接触精益。作为一位走遍全球的总经理，他对精益也有较多的了解。可是，有一个问题让他举棋不定：精益到底能够给公司降低多少成本？

的确，对于牙膏这样一个日化产品，制造成本不过 0.6 元，而产品售价通常不低于 5 元。单纯从降低成本的角度看，即使降低 30% 的制造成本，对于这样一个售价而言，利润贡献也并不大。

可是，他们不自觉地犯了一个致命错误：将精益经营作为一个生产管理方法看待，而非一项企业管理变革。两面针经营业绩下滑的表现是市场营销的乏力，背后的原因其实是公司文化出了问题：观念陈旧，官僚主义严重，业务部门自行其是，员工缺乏士气。如果不能上升到这个层面，什么策略、方法都难以最终拯救公司。

营销团队往往是公司中最活跃，受公司理念与文化直接影响最少的群体，如果公司理念和文化不能保持足够的向心力和凝聚力，营销团队就很容易受到社会环境的侵扰，从而失去战斗力。

精益经营不仅仅解决质量、效率和成本问题，更重要的是要建立一种新型的经营管理方式；还要改变经营观念，重塑管理团队，使企业文化焕发新的生机与活力。从长期来讲，这才是该公司真正需要解决的问题。

（二）营造良好的变革氛围

良好的开端是成功的一半，因此在变革之初必须高度重视营造变革的氛围。氛围是一种势能，他会在变革过程中不断释放能量。

营造变革的氛围，关键是激活并引导变革的愿望。变革是一个长期的过程，不可能在一开始就是阳光大道、硕果累累。需要用氛围建立信心，应对变革中的挫折与困难。

激活与引导变革愿望需要明确地告诉组织我们所处的形势，并设立愿景来清晰地描绘未来。如果没有让组织明白我们所处的形势，组织将不会有紧迫感；如果没有清晰的愿景描述，员工将会无所适从，也激发不了他们的变革热情。

上汽通用五菱是国内微型汽车的先驱。在20世纪90年代末期，上海通用五菱在残酷的竞争中进入发展的瓶颈期。当时行业内的许多同等规模的公司纷纷加入三大汽车集团或与国外汽车公司合资。于是公司通过会议、研讨、报告等形式反复强调其所处的形势：公司资本不足，开发能力有限，管理不力，盈利能力逐渐下降，必须迅速提高管理能力并寻求新的战略突破,这让公司员工感到形势紧迫。一年后,公司宣布与通用汽车公司达成合资意向,并确定将公司建设成国内微小型汽车领域的领导者。处在变革期待下的员工看到如此清晰的愿景,变革的激情被迅速激活起来。同时,公司又不失时机地告诉每一位员工:合资需要更新的观念、更高层次的管理,如果不能迅速提升我们每个人的能力,我们就会面临合资带来的无情淘汰。于是提出"融资之前先融智""创建学习创新型企业"等口号。后来,该公司成为全国精益经营实践最具成效者之一,并以最短的时间创造了业界的奇迹:用时18个月即自主开发出我国第一款微型汽车,该车在一年后成为同类产品中的销量冠军。现在,上汽通用五菱公司已经成为我国小型汽车市场上名副其实的领导者。

(三)找准变革的支点

阿基米德说:给我一个支点,我可以撬起地球。成功的变革,也必须找到恰当的支点。

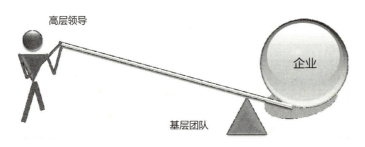

▲(撬动企业变革的杠杆)

企业有两种人比较希望变革:一类是基层员工,他们长期被压抑和忽略,希望在变革中找到自己的空间;另一类是高层领导,他们站得高、看得远,还承担着巨大的经营压力,从公司生存的角度出发希望变革。对于高层而言,他们这是变革的发动者,当然责无旁贷,他们还是翘动变革的操控者。而基层员工就是翘动精益经营变革的支点。

当然，支点不是现成的，它需要塑造。首先，应该确立以现场为中心的理念，提升现场管理团队的地位。让现场成为企业各个业务部门服务的客户，充分尊重他们的意愿和需求，而不是业务部门发布指令要求现场执行。其次，应该将大量的管理资源用于提升现场管理团队的能力，如组建人力资源培训管理团队，或者调动企业各业务部门的精英人才来充实现场管理团队等。

一旦现场管理团队的支点作用发挥出来，将会大大改变企业的工作作风和行为方式。原来每天在琢磨领导意图和应对策略的中层干部就会转向。热火朝天的基层工作，就像火一样炙烤着这些中层干部，他们不得不将精力放在支持现场上面，从而打破沉闷的层级管理。

（四）以人为本的变革机制

变革的支点找到了、变革的氛围调动起来了之后，就必须尽快建立引导变革的机制。变革前期的冲动常常带有盲目性和短时性，如果不加以引导，就很可能出现冲突与混乱，变革激情很快就会消退，要想再次点燃就很困难了。

变革机制的关键是如何从人性的角度去"领导"变革，而不是纯粹从业务的角度去"管理"变革。

人们在困境中，都有强烈的变革愿望，这种变革的愿望就是变革的愿景。但是，光有愿景是不足以领导变革的，因为人们需要从变革的实际利益中坚定信心并一路追随。因此，必须建立一种机制，将变革与员工利益统一起来，让多数人获益，从而赢得支持。我们曾经在一个摩托车零部件企业推动变革，领导非常重视宣传，大讲变革的前景、对企业的好处，但效果并不明显，员工甚至有些抵制。后面发现有问题，很多人将变革理解为变相裁员——变革使企业变好了，他们可能就被淘汰了。接下来，我们改变了策略，我们跟员工谈变革对他们的好处,并承诺:一、变革不会导致裁员,效率提高带来了人员精简,将从中择优选拔担任管理岗位;二、变革带来的工时减少,半年内不做调整。这样,两个月之后,员工工资普遍增加了15%以上,有部分优秀员工担任了班组长。变革终于得到大家的拥护,深入人心。

当然,变革不是请客吃饭,是需要大家付出努力,甚至做出利益格局调整的。用行政手段强制员工为变革付出努力、做出牺牲,个别可以,整体不行;短期可以,长期不行。因此,变革还需建立一种机制,开展横向竞争,鼓励先进,鞭策后进。竞争压力往往会比行政压力更能让员工在变革中主动适应。

(五)培育变革的力量

变革往往是在原有的管理方式变得不再有效的时候发生。寄希望于原有的资源与结构进行变革几乎不可能,应该发现并培育一支能够胜任变革的独立力量。

很多人形容变革是打破一个旧世界,建设一个新世界,这不仅风险高,而且成本也很高。苏联解体后,俄罗斯采用休克疗法,直接否定公有制经济体系,结果造成巨大的经济损失和社会混乱。 中国的改革开放则不同,中国并没有直接对国有经济体制进行突变式的改革,而是积极培育新生的个体、民营、合资等经济形式,使其不断发展壮大,从而推动了中国经济的快速稳定发展,并成功实现了向市场经济的重大改变。

因此,变革应该是建立新生力量成长的环境。

企业变革的潜在力量始终存在,关键在于发现和培育,并使之成为一支独立的新生力量。

五菱汽车是一家拥有50多年历史的国有企业,2000年,公司换届产生了新的领导班子。他们首先做的不是大刀阔斧地调整组织机构和提出新的战略构想,而是从公司中选拔了一批勇于创新、年富力强的优秀员工到上海通用汽车公司系统学习精益生产。然后由这些员工负责在各个车间推行工段精益生产试点，每周听取试点工段汇报并给予支持。经过一段时间的培育和成长，试点不断取得成果并逐步推广，形成了一股势不可挡的变革洪流。原来抵制、观望、彷徨的中层干部开始感受到来自基层的挑战和压力，渐渐接受了变革，反对的声音和人员越来越少。一年后，反对变革的声音自然消亡，变革变得深入人心、不可逆转。

以上的实例同时给我们两点重要的启示：第一，变革需要外部的力量推动，如到先进企业学习与实践，合资经营，聘请专家顾问等方法。纯粹依靠内部自我变革很难有新的维度和视野。第二，变革需要内部发现和培育力量，如在企业开辟特区培养人才，使之成为变革的主力军。

（六）管理变革三重奏

变革的本质就是改变管理方式。变革方式包含三个层次的含义和内容：组织方式变革、行为方式变革、思维方式变革。

组织方式变革是指企业的组织结构和业务关系等与组织构成及其运作方式的改变。组织方式变革是变革中最直观、最直接的变革。因此，在许多管理变革中，大家首先想到的就是改变企业不合时宜的组织结构与业务流程，并调整相应的职责与人员。

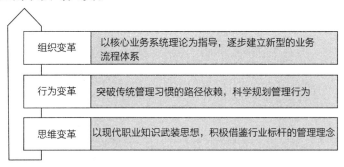

▲（从组织变革到思维变革）

但是，仅仅变革组织，往往并不能真正带来企业预期的结果。因为组织变革并不意味着企业的管理者及其员工的行为习惯和处事方式发生了相应的改变，如果在变革管理过程没有做好充分的准备和相应的引导，就可能演变成"旧瓶装新酒"，最后不了了之。现代管理的核心之一是行为管理，在组织变革之初必须首先进行行为变革。精益经营的行为变革关键体现在管理目标和思路是否能够统一到精益经营的原则和方法上来。如果不能将精益经营原则和方法深入应用到问题解决和管理改进的管理行为中，企业管理变革就会变成一句美丽的空话。

变革行为仍然是看得见的变革，还不是最核心的变革。俗话说得好，"管得住人，管不住心"，最核心的变革是思维方式的变革，真正彻底的变革应该是思想与文化的变革。精益经营的变革必须从改变每一位员工的思想观念入手，常抓不懈，让各级管理者以及员工牢固树立精益经营的理念，建立适应精益经营的理念和原则的企业文化。

二、转型升级实践

转型升级实践是一个过程、方法和人三者集成的过程，实质就是企业价值流不断优化、精益经营方法不断深入和全员参与不断加强的经营过程。

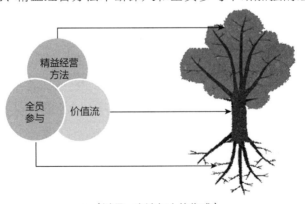

▲（过程、方法与人的集成）

（一）价值流是主干

价值流是企业产生价值的所有活动过程。只要为顾客提供的产品/服务，就都有一个价值流。

丰田汽车公司和通用汽车公司生产每一辆汽车，都有一个价值流动过程。

麦当劳和肯德基生产每一块炸鸡，也有一个价值流动过程。

美国花旗银行与中国工商银行开展每一笔金融业务，同样有一个价值流动过程。

每个企业的价值流是不一样的，挑战在于如何发现它。

1. 河流的启示

河流有曲折、有暗礁、有漩涡、有深潭。

河流有时干涸断流，有时洪水泛滥。

河流有时激流飞进、有时和缓平静。

河流壮观景象的背后是巨大的危机与隐患，这与很多大型企业的经营非常相似。

2. 是部门还是公司

张经理是 K 汽车公司采购部部长，采购部是这家公司非常要害的部门，公司领导都非常重视这个部门的建设。张经理是从基层干起的实力派人物，近几年来，采购部在他的带领下，取得了全公司公认的良好业绩。采购部表现突出、日益壮大，先后将原制造部的物流业务，质量部的供应商质量控制业务收归旗下。 而且由于采购部最先推动信息化建设，而且效果不错，因此现在公司的很多信息化业务也逐渐由采购部主导。

由于业绩出色，张经理向公司要求资源也比较容易。现在，张经理的部门人数已经增加了一倍多，还有进一步增人的趋势，因为增人的理由似乎越来越多了，甚至不增人就无法解决问题，如物料采购信息化问题，现在采购部下设的信息室里的5个人已经很难胜任日益庞大的物料信息管理系统。同时，张经理认为，物料信息系统必须与生产计划等结合，上升为MRP Ⅱ，信息系统的效能才能有更大程度的发挥，于是他想将这个设想上报给公司。的确，招聘几名信息系统的专业人才势在必行。由于业绩的推动，张经理部门的办公条件也逐步好起来，他手下的科长们都配备了笔记本电脑，据说是可以随时了解物料信息。这项措施确实也收到了很好的效果。后来，张经理觉得，应该让部门表现优秀的科员也配备笔记本电脑，这样既可以提高办公条件，又可以激励员工，而且，以张经理的经验，这个申请公司应该是可以批准的。结果的确如此，公司领导在询问过理由后，虽然提醒他要考虑公司的发展水平，量入而出，但最后在他的极力游说下，也还是批准了。这令很多部门愤愤不平，但是对张经理而言，埋怨更突出了他的业绩。很多优秀的员工都表达了要到他的部门工作的愿望。这令很多其他部门的经理感到很尴尬。

面对采购部的日益壮大，很多部门都不服气，也开始以各种方式争取资源，以改变本部门的形象。刚开始，公司利润不错，公司领导想，既然有钱，只要能够提高部门的业务能力，花点也是可以的；可最近市场形势急转直下，财务状况非常严峻，公司领导面对严峻的市场形势，认为必须精减人员、压缩开支。于是领导下令，各部门裁员10%，停止购买办公设施。这样一来，首先受到伤害的就是那些存在感不高的部门。

这个例子中的问题是：张经理领导的采购部门越来越像一家采购公司，可这家汽车公司需要一家采购公司吗？

3. 触目惊心的价值陷阱

看上去很美的东西不一定能创造价值。类似的价值陷阱很多。

有一家加工企业，这家公司的总经理热情地带着我们参观工厂。他特意为我们详细介绍了公司新建的加工中心，这个加工中心先进、高效，给人鹤立鸡群之感。参观时正好加工中心不生产，于是我们向他了解是怎么回事，他很自豪地告诉我们：这个加工中心三天就可以干完一周的活。我们终于明白加工中心前后为什么建有一个偌大的库房了。

还有一家生产底盘的汽车零部件企业。在生产线的前端，我们发现存有许多严重锈蚀的半成品，当问起这个车间的负责人这是怎么回事时，他回答说是："我们在生产线的后头专门有一道除锈工艺，没问题的。"姑且不论锈蚀的部件是否对机器的整体性能有伤害，单看除锈工艺的添加剂、能耗、人工等损失，也是不划算的。

也许我们对以上的价值陷阱已经司空见惯了，那我们应该问自己这样一个问题：这能够为客户带来价值吗？

4. 价值流，经营管理的地图

可以将价值流动过程用形象的价值流图进行描述。只要我们学会观察[一]，深入了解企业价值流动过程中的信息流、作业流、物流的构成及运作规律，就可以将企业的经营活动用价值流图直观形象地描述出来。价值流图就像一幅展现在我们面前的经营管理地图，能够帮助企业清楚地发现经营活动中存在的问题与需求，以及系统能力的瓶颈，指引企业走向精益化的方向。

[一] 著名的精益生产专家丹尼尔·琼斯专门针对价值流写了一本书，书名即为《学会观察》。

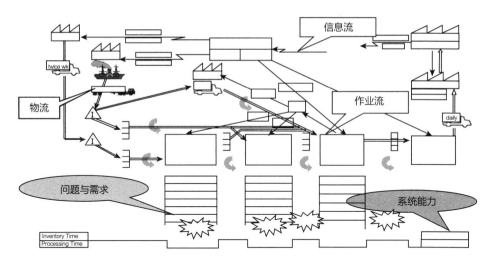

▲（价值流图）

5．流起来，更精彩

如果用价值流图深入研究，就会发现很多看上去宽敞明亮、豪华气派的现代工厂其实一点都不先进。有些企业很现代，他们花大量的钱购买世界一流的设备、应用世界一流的信息系统、建造一流的厂房，可是这除了给人富丽堂皇的虚幻感觉之外，对创造客户价值其实没有太大用处。如果你在现场看不到井然有序的流动，那么这些一流的设备、一流的信息系统、一流的厂房都不过意味着低下的生产率、过量的库存、高昂的维护成本，以及不断滋生的质量问题。

企业的价值流就像一条奔腾不息的河流，如果不加以改造的话，就很难用于航运和灌溉，滔滔江水就会白白浪费。改造它的办法很简单：疏导。都江堰、灵渠等就是巧妙地疏通了河道的障碍，让水自然流动，历经千年而不朽。企业实施精益经营，同样是疏通阻碍价值流动的方法与流程，达到畅行无阻的目的。

（二）全员参与是根基

在公司中，我们比较容易记住力挽狂澜的英雄，却常常忘记真正的推动力量——公司每一位默默付出的员工。没有全员参与的公司，就像大树失去根基，即使有再好的阳光、水分、养料，也会枯萎。

1. 从精英文化到群英文化

我的一位同行朋友曾经给我讲过这样一个真实故事。

他们组团去日本丰田参观学习。接待的人问："以通用公司和丰田公司的高层相比，哪个更强大？"大家说是通用。"中层与中层比，谁强大？"还是通用。"基层与基层比？"答案却是丰田。接待的人说："企业是员工的，让他们动起来发挥作用，培养企业大多数人的成长，给企业大多数人利益，丰田就是这么做的，这就是丰田强大的根基。而通用的呢？只注重高官的培养，高管在企业员工中只是凤毛麟角，再强大也只是个体。所以丰田的管理模式是群英运动，而通用却走的是精英路线，让多人成长和让一个人成长，这是通用和丰田根本上的区别。"

后来，我为一家汽车企业做咨询，这家企业提出了做一个伟大公司的梦想。在一次交流中，我向企业的高官层提出一个问题：什么是伟大的公司？他们谈了汽车产业的未来创新，公司的发展战略等构想，又谈到了企业文化。我提出了一个观点：要想超越丰田与通用，既要有精明强干的领导，又要有士气高昂的员工。

▲（伟大公司的内涵）

企业在成长初期，通常是推行精英文化，因为是在机会中求生存，依靠的是企业精英的敏锐观察与独特思考。当企业渡过机会期，依靠的一定是公司的综合能力，必须实现从精英文化向群英文化的转变，形成全员参与的经营文化。

2. 经营不需要决策

西蒙说"管理就是决策"，但这只是针对战略而言，领导者面对企业何去何从、做什么不做什么等全局性事情时，决策的确至关重要。而且，这个决策过程往往需要领导者睿智的独断，这是西蒙所谓的"权威"。

对于经营而言，"权威决策"往往不是一个好办法。比如，领导面对现场撒落了几个零件的现象时，权威决策却不一定有效。因为员工并不是不知道"零件不能洒落地面"，员工可能比领导更清楚明白，如果领导硬是对员工指指点点、强加教导，下次看到的很可能就是零件扔到沟里了。

捡起掉到地上的零件，修复一个有问题的零件，擦掉设备上的灰尘，改进一个作业方法等，都不需要决策。

甚至提高效率、改善品质、降低成本这样的所谓的大事，也不需要决策。大事成就于每一名员工所说的小事之中。

经营所要做的，就是引导员工担负责任、激发智慧。

3. 塑造全员参与的角色体系

组织是一个角色体系㊀，良好的角色体系需要全员参与互动，它是企业文化的根基，挑战在于如何正确地塑造和引导它。

㊀ 西蒙《管理行为》。

如果多数人没有自我角色认知和角色认同，企业就将滋生官僚主义、群体对立等不良的文化现象。这样的公司将会出现两种不同的文化：宣扬的文化——反映管理者意志的文化；员工文化——企业多数人自然形成的文化。优秀的公司总是从现有的文化中提炼、升华，并驱动全员的共鸣，逐步形成全员共同遵循并实践的企业文化。

塑造全员参与的角色体系，主要有两个方面：其一，建立负责、包容、共享的共同体文化，承担角色责任、包容角色差异，共享组织成果。其二，引导员工从自然人转变为企业人，每个人进入公司时都处于职业的自然状态，身份上是公司的员工，但思想上不是公司的员工。企业需要在文化与制度上引导，逐步树立起员工的归宿感、荣誉感和使命感。只有这样，员工才能激发自我潜能，勇敢地承担责任和义务，公司才会有旺盛的生命力。

（三）管理方法是枝叶

企业管理越发展，方法就越丰富、越深入。没有枝繁叶茂，就没有参天大树。

1. 因地制宜，抓住主要矛盾

不同的树木适应不同的气候，如热带主要为常绿阔叶林，温带主要为落叶林，寒带主要为针叶林。企业的管理方法也应该根据企业的环境有所不同，否则将会因为不能适应企业环境而退化、萎缩，不会形成精益经营的管理气候。

树木在不同的阶段枝叶也不同。幼苗阶段枝叶很少（枝叶很少，但对生长非常关键；如果枝叶太多，反而难以长成参天大树），待到长大，才会不断生出新的枝叶，最后长成枝繁叶茂的参天大树。

在一个咨询项目中,公司领导提出希望调整现有的物流管理系统。他们问我物流业务归生产系统管理好,还是归采购系统管理好?我问他有什么意向,他就说同行中上汽通用五菱的物流业务是由制造系统管理,效果不错。我说物流业务归口哪个系统管理不重要,关键要看管理的主要矛盾在哪里?上汽通用五菱我比较了解,它的物流业务也不是一成不变的:最开始物流业务是与生产、采购并列的独立部门,原因在于企业规模不够大、组织能力有限,多分一些部门,各管一块,各负其责,比较有效;后来随着企业发展,这种部门林立的散乱状态让公司不胜其烦,考虑到采购与库存严重脱节,于是决定将物流业务并入采购,让采购通盘考虑物料供应;后来,随着采购业务的日趋成熟,信息流通和供应商响应能力得到较大的提升,企业为了更好地加强生产与物流的一体化,提高制造资源的配置效率,又将物流业务转到制造系统管理。

因此,经营管理没有放之四海而皆准的方法,必须将精益经营理论与企业具体实践相结合,才能得到行之有效的方法。

2. 以简驭繁,注意方式方法

管理世界是纷繁复杂的。企业越发展,管理分工越细致,管理方法越专业,这都会增加管理的复杂性。如果没有掌握以简驭繁之道,企业就会越来越难以管理。

我曾经负责过一段时间的公司培训业务,当时公司处在变革时期,公司高层非常重视培训,培训工作量也比较大,培训部门的规模和职能也不断扩大。可是,感觉部门人员越来越多,员工对于培训的意见却越来越大。

后来发现,我们片面强调专业性,在培训业务中捆绑了大量职业发展、绩效评价等内容,结果导致培训管理复杂化,培训策划、实施、评价的周期很长,效率明显下降,同时,员工为了应付很多绩效指标,学了很多不想学的东西，而很多想学的东西却学不到。

这显然违背了培训的初衷，于是我重新设计了培训管理方式。其一，实行分层分类，一方面将培训管理分为公司和部门两级，培训部门从直接计划部门的培训改为指导部门自主开展培训；另一方面将培训划分为全员培训、逐层培训、专业培训三大类，全员培训由公司统一规划，逐层培训由各级组织自主开展，专业培训则根据培训调查实施专项计划。其二，建立派遣制度，将部分培训业务人员派遣到主要业务部门，深入一线提供指导和服务。

这样一来，复杂问题简单化，收到了立竿见影的效果。

以简驭繁有两个诀窍：其一，方式优先于方法，我们常常讲方式方法，方式在前，方法在后，如果方法越做越复杂，却效果不好，就要想一想是否是方式不好，其二，将简单留给别人，将烦琐留给自己。什么意思呢？比如给你一辆宝马和一辆QQ[⊖]，哪个更好驾驶？肯定是宝马。但哪个更容易制造？那一定是QQ。同样的道理，企业管理的以简驭繁之道就是将大量精益经营方法融合成一个有机的管理系统，这样每个企业的员工只要清楚地理解这个管理系统，就能像驾驶宝马一样轻松自如。如果公司精通管理的专家必须殚精竭虑才能胜任管理，那是只能说是企业管理不成熟。

LCA500000000000000490
精益变革之道

LCA500000000000000489
价值流分析

⊖ 由中国奇瑞汽车有限公司生产的一款深受中国大众消费者喜爱的微型轿车。

第三节　三条主线方法论

> 成功推进精益经营，首先需要有科学清晰的思路，其次要有让大家按照思路共同行动的机制，最后还要有能够培养大家实践思路的能力。

推进精益经营是一项系统工程，只是机械地推行一些精益经营的方法，往往难以持续开展和巩固，效果不佳。

推进精益经营必须思考以下一系列问题：

精益经营是否与组织的绩效目标一致？

精益经营的思路是否清晰可行？

如何确保组织成员按照思路统一行动？

他们有能力胜任吗？

……

以上问题归纳起来，可以分为以下三个层面：

其一，业务管理。精益经营的目的是做事，即追求企业的经营绩效。实现绩效需要确定正确的业务目标和清晰的思路。这是业务管理。

其二，机制建设。确定业务目标和思路只是明确了行动方案，目标的达成还需要公司所有成员按照目标和思路共同行动。为了使大家共同行动，必须建立有效的管理机制，有效地激发全员的意愿，并规范全员的行为。

其三，能力培养。实现目标需要有相应的组织能力和个人能力。

我们将三个层面称为精益经营推进的三条主线。

（三条主线）

一、业务管理

任何企业都是通过为客户提供业务服务赢得价值，因此经营效率的根本源于企业业务水平提升，如研发水平、营销水平、制造水平等的提升。

如果精益经营脱离业务提升这一大目标，就很容易陷入误区：结果投入大量资源将精益经营的场面搞得很好，赢得价值的业务水平却收效甚微。这意味着终将失败。

因此，精益经营必须牢牢抓住企业的业务管理。当然，企业的业务管理涉及公司经营的各个方面，我们需要对企业的业务管理进行全面梳理，确定企业经营活动的核心业务价值链，根据企业的业务发展需求和业务管理瓶颈确定业务管理的重点和实施路径。

（一）从企业核心价值链把握业务

很多企业在看到与对手的差距时很容易急躁，希望能一下子赶上或者超过对手。因而容易出现盲目模仿、照搬照抄的现象，眉毛胡子一把抓，结果事与愿违。

其实每个企业都是独特的，其客户定位与核心能力一定与对手存在区别，这正是企业的核心价值所在。

有一家汽车公司，按照国内领先的定位建设了一个新能源汽车工厂。在一次交流中，总经理问我汽车自主品牌哪家更值得学习借鉴？我说各有特色，比如我比较熟悉的上汽通用五菱、奇瑞、东风小康三家公司，都在推行精益经营，但理念差别很大：上汽通用五菱更注重客户导向，奇瑞更注重技术引领，而东风小康则更注重实物表现。因为这三家企业的客户定位、资源禀赋、运营管理各不相同，所以以此形成的企业价值链自然不同。

因此，企业在推进精益经营过程中，必须深入把握自身核心价值链，优先找出关键业务和瓶颈业务：抓关键业务——提纲挈领地提升企业的价值创造水平，抓瓶颈业务——吹糠见米地弥补企业业务上的不足，并在发展中动态平衡。

（二）让精益经营直接作用于业务绩效

经营者每天面临着强大的经营压力，他们推行精益经营的目的就是提高组织的业务管理效能，帮助组织解决经营困难并改善绩效。如果精益经营不能从经营业务的绩效出发，精益经营的理念再好，方法再先进，最多也只能成为组织拥护的理论，而不能成为组织实践的理论。

我们与重庆小康集团的合作始于其汽车业务，由于合作良好，第二年又拓展到了其摩托车业务。由于在客服方已经树立了较高的专业权威，管理层对于精益生产的态度非常积极，公司上上下下、大会小会，言必称精益。

我们与公司组织了一个跨部门的小组进驻一个车间做试点，方案制订出来后，大家都表示赞成。可是在实施过程中我们发现根本不是那么回事。该车间长期以来质量很不稳定，常常不能按时交付，车间领导成天疲于应付客户，根本没有花心思在项目上。出于咨询的直觉，我们认识到车间并不是从内心深处赞成这个方案，于是我们与车间领导做了一次深度会谈。原来车间领导认为项目并不能解决他们现在头痛的问题，接着我们顺着他们的想法，问他们想要做什么？最后讨论下来，我们决定围绕他们的关注点重新制订方案。后来的实践效果相当不错。

因此，精益经营必须充分把握并理解现实面临的经营挑战，而不是空洞地描绘精益经营的理想蓝图。

（三）明确业务目标及思路

为了形象地说明这个问题，先给大家讲一个足球的故事。

我们经常可以看到在足球场上踢球的小孩。他们满怀热情，围着小小的足球满场奔跑，为了能够抢到球甚至摔得鼻青脸肿却全然不顾。但是，没到半个小时，他们就精疲力竭了，却一个球都没进。

职业球员与小朋友踢球不同，他们清楚地明白踢球的目标：进球。然后为了实现这一目标而排兵布阵、协调配合，一步步地将球逼近球门，最后临门一脚，而不是满地找球。

实践精益经营首先不是思考引入什么样的方法和工具。首先应该明确我们的目标是什么？从哪些业务入手？

这是一个对症下药的过程。具体可以分为四层：

第一层是把握现状。企业经营问题的关键是什么：是"制造周期过长"，还是"客户响应能力不足"，还是"产能不足"，是"过程质量不稳定"，还是"工艺方法不合理"，还是"质量控制不严"。

第二层是评估资源与能力。企业的经营问题很多，我们需要评估现在有多少资源和能力，可以重点解决哪些经营问题。然后选择相应的突破口，集中资源和能力改变现状。

第三层是明确的精益经营目标。综合企业的现状、资源和能力，明确精益经营定位，聚焦组织目标。

第四层是制定业务活动思路。根据精益经营目标，将业务活动展开为一项项具体的行动，在行动中融入方法和工具，并使方法和工具指向整体目标。

二、机制建设

很多企业高层对企业的经营问题看得很透，对精益经营也有比较深入的认识，提出了明确的目标并开始雄心勃勃地推行。可是推行中却发现：

各部门目标冲突，各自为政。

许多管理者思路混乱，员工无所适从。

大家被动接受，没有积极性和主动性。

……

推行的政策就像双拳打到棉花堆——有力但使不上劲。

这种情形很常见，往往是无疾而终。

精益经营不是少数决策者目标清晰，大家就目标清晰；不是少数推动者有热忱，全员就有热忱。必须是公司上上下下都有协调一致的目标，都有参与的热忱。这些必须依靠机制的保障。

（一）牧羊人的智慧

羊在我国南北方都是很常见的家畜，但是南北方养羊的方法却大相径庭。

南方养羊是在每一只羊脖子上套一根绳子。牧羊人放羊时就牵绳子，将羊带到草木茂盛的地方，然后在地上打几个桩子，将绳子全系在桩子上，让羊围着桩子吃草，等吃得差不多了，再换一个地方打个桩子。这样的方法通常一个人只能放三五头羊，而且非常费心——牧羊人必须时时刻刻关注每一头羊。

北方养羊则完全不同。每天早晨，牧羊人将羊圈的栅栏门打开，然后将领头羊赶出羊圈，羊群慢慢地就会自动跟着领头羊往外走。于是牧羊人通过领头羊将羊群赶往水草肥美的地方。当发现有羊脱离羊群时，牧羊人只要朝着他学着羊妈妈的声音叫唤，绝大多数的羊就会自觉地归队；如果有羊不听召唤，牧羊人就会让牧羊犬冲过去赶它，让它乖乖归队。这样的方式，每个牧羊人可以养成百上千头羊，而且毫不费力——牧羊人尽情骑着骏马在草原上驰骋，放声歌唱。

▲（牧羊的启示）

实践精益经营也是一样的道理。如果每一个项目、每一个方法都需要推进者直接指导，那么我们就会成为南方的牧羊人；如果我们学会组织运作，建立机制，那么完全可以像北方的牧羊人一样，让每个人自己朝着精益经营推进的方向努力。

（二）关注意愿和行为

机制不是简单的制度，仅仅提供组织行为的约定。机制的核心是人，机制是人与制度和谐互动。通过建立有效的机制，驱动员工从思想到行动上均加以转变，从而实现高效的绩效目标。机制建设是一种通过改变人去成就事的过程，它不仅促进企业绩效的全面实现，而且促进企业员工的全面发展。

机制建设包含行为管理和意愿管理两个方面。

行为管理的核心是PDCA原则,即在企业的所有管理活动中贯彻PDCA原则。企业只有贯彻PDCA管理循环,才能制定合理的目标和思路,有效识别执行过程与目标的差距,及时进行有效调整,确保员工行为始终指向目标,从而使管理受控,达成目标。

贯彻PDCA原则的方法有业务计划执行。业务计划执行(Business Plan Execution)是一种企业根据公司战略规划协调各部门的工作,步调一致地去实现企业在安全、质量、成本、效率、组织发展等五个方面的总体目标的标准化业务管理流程。

意愿管理的核心是建设团队和绩效机制。没有团队就没有士气,没有绩效就无法激发员工进取的期望,也无法提高员工的自主性和积极性,驱动组织内的有效竞争。意愿管理就是从思想上激发员工的潜能,为企业管理服务。

(三)狠抓业务计划执行

实践精益经营的首要工作是抓好业务计划。

业务计划是个纲,纲举目张。没有思路清晰、执行有力的业务计划,很难想象可以推行好精益经营。

抓好业务计划执行,需要严格地遵循以下三个环节:

首先,需要梳理思路,以明确达成业务目标的路径。

然后,就是建立机制,以确保组织成员按照思路共同行动。

最后,才是使用方法,应用精益经营的方法改善管理效能。

▲(业务计划执行的钥匙)

1. 确定目标：问题就是计划

制订精益经营业务计划，最可怕的就是待在空调办公室闭门造车；对于精益经营业务计划，不是从设想出发，而是从经营的问题出发。解决经营中存在的问题，就是精益经营的目标；将目标转化为行动，就是精益经营业务计划。

2. 梳理思路：建立目标与方法的有效联系

很多时候，提到精益经营，就想到看板、拉动系统、暗灯系统等方法。方法只是实现精益经营的一种手段，我们首先应该知道用这些方法干什么，以及为什么要用这些方法？

这就是目标。没有目标，就没有方法。方法要因目标而定。

如何根据目标选择合适的方法达成目标，是一个梳理思路的过程，需要经验和学问。诀窍就是建立目标与方法的有效联系。

可以采用思维导图的方法帮助我们梳理思路。假设业务目标是"提高生产进度保障能力"，那么可以从"安全、质量、效率、成本、组织发展"等五个方面进行系统的梳理，找出阻碍生产进度的几个主要问题，作为提升生产进度保障能力的子目标。假设根据大家的讨论，认为需要从"提高产品质量、生产组织合理化、提高员工稳定性"等三个子目标入手。可以针对三个子目标再讨论，直到找到明确的、可操作的方法为止。此时你会发现，思维导图的叶结点部分就是精益生产期望推行的方法和工具。

最后将叶结点整理出来，作为业务计划的项目，然后根据组织成员的角色和职责分配责任和资源，就成为我们共同的精益经营业务计划。

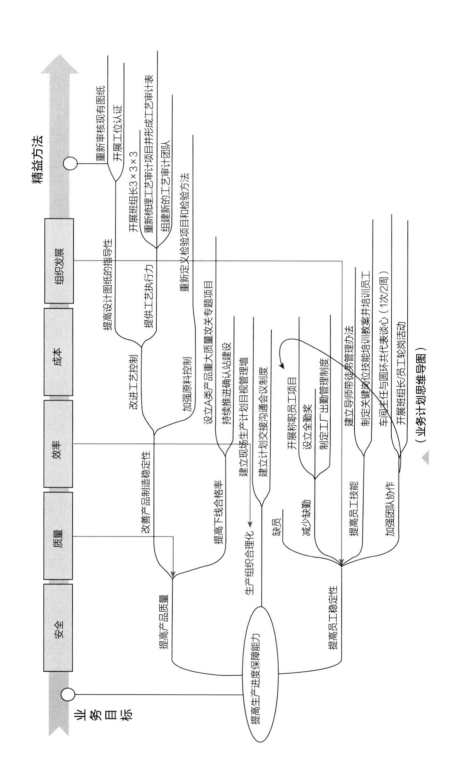

(业务计划思维导图)

精益经营：走进智能互联时代

需要提醒的是，对于方法的追求必须寻根究底，否则极有可能仍然是不可执行跟踪的子目标，出现诸如"加强过程控制""加强培训"等业务计划项目。这往往是导致计划控制不能到位的主要原因。

3. 有效执行：开好精益经营例会

确保精益经营业务计划有效执行，除了通常的业务指导、管理协调，比较关键的就是开好精益经营例会。

开好精益经营例会，需要把握以下两点：

其一是将精益经营例会开成竞争学习的会议。精益经营例会应该充分让团队成员展现各自精益经营推行的成果和经验，这样无形中就形成了竞争，让做得好的有成就感，让做得差的受到鞭策，同时让组织分享推行的成果和经验。

其二是将精益经营开成面向未来的会议。精益经营是一项长期的工作，它追求的是长期绩效。应该避免让精益经营例会陷入短期的、事务性的交流和探讨中，否则很容易使精益经营例会同化为经常性的问题解决会议，偏离精益经营作为公司经营管理模式建设的战略定位，同时失去精益经营系统思考和从根本上解决经营问题的工作层面。

（四）绩效激励机制

遵循 PDCA 原则，建立有效的业务计划执行体系并不能完全确保组织成员按照思路共同行动。业务计划执行只是告诉我们如何做，而对于员工而言，并没有解答为什么要做。

期望理论告诉我们，如果精益经营不能与每个员工的期望联系在一起，就很难激发员工的意愿，使其积极、热忱地投入到精益生产活动中去。

因此，在推行精益经营的过程中，需要同步建立相应的激励机制，最终形成公司的绩效管理体系。

1. 引导员工关注精益经营全面绩效

在经营活动中,由于短期目标的压力,员工往往不会自觉地用精益经营的安全、质量、效率、成本、组织发展等五大目标作为工作指南。只有建立以五大目标的关键绩效指标为衡量依据的评估与激励体系,才能让各级组织改变管理观念,全面达成绩效。

2. 让绩效机制成为撬动管理的杠杆

激励理论中有一条非常著名的"胡萝卜加大棒"的理论,现在仍然有市场。"胡萝卜加大棒"核心的理念就是:如果我们向员工承诺"你更努力地工作,我给你更多的报酬",就一定会有人更努力地工作。但在管理实践中往往并非如此,管理者说"你给我努力干,我给你加薪升职",如果这种"努力干"是一天工作10个小时,他就会反抗;如果这种"努力干"是完成一个高于自己能力的任务,他往往会选择逃避。

真正能够激励员工的是"你给我更好地干,我给你更多的报酬"。借助员工的知识和智慧改进工作方法,可以最有效地激励员工。

企业将绩效机制误解为"胡萝卜加大棒",将其作为控制员工及其收益分配的手段,绩效机制就会退化为绩效考核。这样一来,绩效机制就几乎成了企业管理一剂毒药,导致衍生目标冲突、短期行为、人际关系混乱等问题。

绩效考核往往带来的是对立与冲突,就像推动一个石头,推力越大,阻力越大;绩效机制应该是一支杠杆,驱动团队和个人努力达成目标,而不要拿考核当大棒。管理者应学会应用绩效杠杆,只要轻轻一撬,企业便会滚滚向前。

▲(推还是撬?)

3．用绩效机制激励和引导人

绩效机制之所以被作为大棒，主要是因为将管理的着眼点搞错了。挥舞大棒针对的是什么人？针对的是执大棒者认为不听使唤的员工。即使有挥舞大棒的必要，挥舞大棒也是要消耗大量管理资源的，在所谓不听使唤的员工身上如此消耗管理资源，值得吗？

其实，我们更应该看到富有热忱和进取心的员工，他们才是我们需要投入大量管理资源的对象，但不是用挥舞大棒的方式，而应该激励和引导员工。

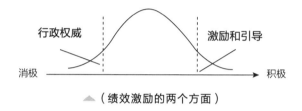

▲（绩效激励的两个方面）

那么，如何激励和引导员工？

作为一个组织，应有强有力的行政权威，这是确保组织秩序和目标集中统一的基础。行政权威作为一种纵向的管理行为，在传递组织意志的同时，也在给组织和个人传递压力，而且这种压力直接导致人人自危。行政权威尽管非常有效，但却是有限的，不仅行政资源有限，而且行政效能有限，一旦员工对组织、对自己失去信心，行政资源就会变得苍白无力。因此，必须破除对行政权威的迷信和绝对依赖。

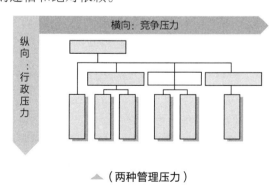

▲（两种管理压力）

想要弥补行政权威的缺陷和不足，可以在纵向的行政机制之外，建立横向的竞争机制。任何组织和个人，都希望比其他的组织和个人表现出色。如果企业能够建立一个让组织和个人彼此比较贡献（不是比较过失，否则又会回到消极面）的机制，激励和引导的目的就可以实现。

4. 绩效机制设计

在推行精益经营之初，可以设立专门的精益经营激励基金[○]作为绩效激励机制的运行方式，以促使各级组织采用精益经营。

根据组织层级和管理目标的需要，精益经营激励基金通常包含团队奖励、专项奖励，以及总经理奖等奖项。

团队奖励是针对不同管理层级开展绩效评估与激励的机制。如针对一线员工的精益员工评选，针对基层的工段/班组建设评估与激励、针对车间的车间管理评估与激励、针对部门的公司精益经营评估与激励等。

专项奖励是根据企业管理目标设计的特定的绩效机制。如改善提案与现场改善评估与激励、专题项目评估与激励等。

总经理奖是对绩效机制的综合考量。

	项目	评估组织者	评估对象	频次
团队奖励				
1	工厂六项原则评估	精益管理部门	工厂	年度
2	车间五大目标评估	精益管理部门	车间	季度
3	星级工段评估	工厂	工段	月度
专项奖励				
1	改善建议奖	人力资源部门	员工	月度
2	专题项目奖	精益管理部门	团队	季度

○ 当绩效机制运行成熟后，便可以被逐步纳入公司人力资源的绩效管理体系。这种方法不同于传统的公司设计绩效管理体系，自顶向下推行的做法，它可以灵活适应组织特点，融入组织管理内部，并与组织管理共同发展完善。

(续)

	项目	评估组织者	评估对象	频次
	总经理奖			
1	十佳精益员工	人力资源部门	员工	年度
2	最佳精益团队	人力资源部门	车间、部门	年度

5. 发挥精益经营评估三大功能

在精益经营绩效机制中，评估体系是关键。精益经营评估是一项原则性和操作性都很强的工作，它需要将评估与精益经营活动紧密结合起来。如果不能深入理解和专业化设计，常常就会弄得画虎不成反类犬。

精益经营评估的关键是要把握评估的三大功能：诊断功能、指导功能和激励功能。

▲（评估三大功能）

首先，评估体系要具备诊断功能，通过评估能够发现问题和找出差距，否则评估就无法令人信服和利于改进。

其次，评估过程要实现指导功能。就像一名医生在给病人做了检查后不能说：你得的是不治之症，回去准备后事吧！医生不仅要能看病，还要能治病。评估应该是专家团队与评估对象的沟通、对话与研讨，要能够在评估中帮助评估对象找到改进方法和解决之道。

最后，评估还应该具有激励功能。毕竟评估是对团队与个人绩效的判断，如果没有激励功能，当然就起不到目标管理的作用。

必须指出，激励功能是最后的，如果之前没有诊断功能和指导功能，就难以引导组织和个人朝着公司目标共同努力——这才是企业绩效管理的真正目的。

6. 不能用绩效机制代替人事政策

很多人在应用竞争机制的时候有一个误区：一味地惩罚竞争中的落后者。适当的处罚是可以的，但是如果某个组织和个人长期表现欠佳，经过管理辅导也不能改变，那就不是处罚可以解决的，处罚也没有用。这只能说明这个组织或个人不胜任工作，最好的办法就是开诚布公地告诉这个组织或个人，并对组织和个人进行人事调整。

三、能力培养

良好的业务管理和机制建设还不等于成功。精益经营各项业务的推进离不开人的能力，没有组织和能力的成长，业务和机制建设也不可能提高。

对于能力不足，很多管理者更热衷于选择换人或者主管替代的办法。这个人不行，找个能行的，再不行，再找；或者主管看了心急，算了，干脆我自己干吧。

这也许能够部分解决能力问题。但是很多能力并不是个别人的能力问题，而是组织的能力问题，依靠个人的能力解决不了问题。企业的高度取决于个人的高度，企业的视野取决于个人的视野。

组织的能力实质是组织每个成员的能力的集成，不能仅仅依赖某些个人。

长期而言，能力培养是精益经营成功的根本保障。

（一）建立强大的培训体系

在企业管理中，影响组织成员的行为的方式主要有权威（如行政权威、专业权威等）、沟通（包括会议、通告、建议等）、培训等。其中，培训可以向组织成员提供处理决策所需要的决策要素，可以给组织成员建立一个进行思考的框架、传授"公认的"解决问题的方法、灌输决策所依据的价值要素。其结果可以让组织成员自主做出满意的决策，而不需要无休止地使用权威。 因此，培训是影响组织成员较高效且普遍适用的方式。

尽管现代企业越来越重视培训的作用，但很多企业采取的是"游击式"的培训，碎片化严重，不够系统，很大程度上削弱了培训的效果。系统企业的培训包含管理理念、专业知识和岗位技能。只有理念、知识、技能紧密结合起来，才能真正达到培训的效果。

建立培训体系是企业开展系统培训关键。企业培训体系主要包含培训需求管理、课程管理、师资管理、培训执行等部分。

首先，培训必须面向需求。企业培训要为管理实践服务，必须清晰地把握企业对知识的要求和管理现状，有的放矢，才能将有限的培训资源投入到企业最需要的业务和知识领域，为管理发展提供最具价值的服务。

其次，企业需将培训队伍建设作为人力资源管理的核心业务之一。培训师队伍建设包括外聘和内部培养等，但主要应该靠内部培养。通过建立企业自己强大的培训师队伍，有效地实现企业实践知识的集成和共享，促进组织学习；同时，通过内部培训师，实现企业内部知识来源和传播途径的多元化，如下级培训上级、部门交叉培训等，以形成一个开放的培训模式。

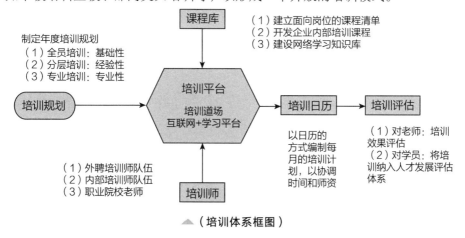

▲（培训体系框图）

第三，统揽全局建设课程库。课程库就像知识的营养师，它系统而全面地规划了企业所需的课程清单，并且明确了各类岗位所需要的基本课程、能力提升课程、职业发展课程等，可以针对每个人所掌握的知识现状设计专门的培训计划。

最后，必须有效地培训执行。成功的培训不是简单地完成授课，经验丰富的培训师的课程演绎和互动只是成功培训的一部分。培训执行必须有效贯彻需求调研、课件制作、学员手册编写、课程试讲、授课、课程评估、实践指导等整个培训过程，每一个环节都需要一丝不苟、不厌其烦，只有这样，才能真正达到培训的目的："将精彩和成功献给每一个学员。"

（二）组织广泛的学习交流活动

培训是有组织的、正式的学习方法，有其独特的优势；但大量的能力并不能通过培训获得，更广泛、更灵活的学习依赖于平时的学习交流活动，可资借鉴的学习交流活动有读书活动、知识竞赛、征文辩论、技能比武，以及标杆企业学习交流等。

学习交流活动的最大特点是自主性和多样性，要搭建平台和机制，分层、分类管理，为激发基层的学习热情提供资金和场所支持，如建立学习园地、设立读书基金等。要善于利用年轻群体精力旺盛、追求上进的特点，让他们引领学习风尚。

学习交流活动是营造全员学习氛围的重要手段，要特别注重宣传引导，特别是思想引导。企业文化、管理理念等如何深入人心，不是知识层面的问题，而是思想层面的问题。依靠单纯的灌输是不行的，必须融入日常的学习交流中。

（三）不断丰富积累知识体系

企业最大的财富不是资金，而是用自身的知识体系武装起来的员工。企业积累的资金在法律上属于投资者所有,可以被投资者拿走,但是,企业积累的知识任何人也拿不走。

因此,企业的成长就是知识体系的成长。如果企业能够在发展中持续地积累知识,就可以立于不败之地;一旦知识的成长受阻,就会很快停滞,落后于竞争对手,逐渐被市场所抛弃,最终走向衰亡。

国际性大公司都有专门从事企业知识体系建设的机构。一定规模的企业,可以借鉴国际大公司的做法,定期总结、提炼企业的成功经验,将其转化为企业共同遵循和应用的知识。

LCA50000000000000525
互联网+微课学习

第四节　四个阶段实践路程

> 精益经营犹如登山，是一个循序渐进的过程。攀登得越高，视野越开阔。
>
> 精益经营是企业的修行，只有方向，没有终点，关键是按照自身情况走好每一步。

精益经营不是一个组装工程（将各个模块分别做好，然后进行总装，最后得到一个理想的精益经营企业），而更像一个建筑工程：先做建筑规划设计，然后平地基、起楼层，最后装修完善。

实践精益经营大致可以分为精益现场、精益工厂、精益价值链、精益模式四个阶段。

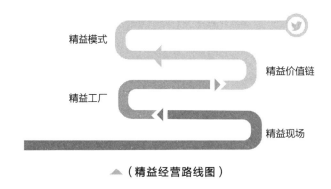

▲（精益经营路线图）

一、精益现场

经营管理源于现场，精益经营系统所谓的安全、质量、效率、成本、组织发展等五大目标，都必须依靠现场管理最终实现。如果现场管理不好，即使业务流程再好、专业能力再强，管理效能也不会高。现场才是增值的地方，任何工作的贡献都要通过现场努力才能最终体现。

遗憾的是，很多管理者并没有真正理解现场管理。他们一谈到精益经营加强现场管理，就联想到谁重要、谁不重要。于是很多职能部门就不服气，一定要搞出点自己的东西来，证明自己的重要性。

其实，精益经营讲的并不是现场与部门谁重要的问题⊖。精益经营讲的是一个客户链的理念：现场是业务部门的客户，应该以现场为中心，帮助现场提升管理水平，通过现场的提高拉动整个公司管理水平的提升（客户拉动）。

企业的现状和特点不同，现场管理的内容也不同，关键是能够将管理聚焦于现场的瓶颈与薄弱环节之上，以及如何在基层建立自主管理体系。

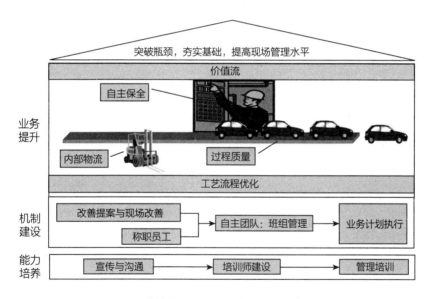

▲（精益现场解决方案框图示例）

⊖ 精益企业并没有降低业务部门的重要性，至少从工资上看还是专业人员的工资明显高于一般员工。

(一)狠抓瓶颈与基础

为什么要聚焦现场呢?很多企业不仅现场有问题,业务流程也有问题,甚至管理体系也有问题,那为什么不能齐头并进呢?不少企业高管向我提出这样的问题。我的理由有三点:

首先,现场是最增值的地方,对现场的改进目标最明确,成效也最直接、最显著。聚焦现场有利于各级管理者贴近现场,共同关注和解决问题。

其次,现场、流程、体系是三个层面的问题,现场处于价值创造的第一线,流程为现场服务,体系为流程服务。没有现场,流程和体系就没有价值,因此,需要现场优先。

再次,资源和能力有限,面对诸多问题,我们是集中力量各个击破,还是遍地开花?在精益经营建设的初期,显然是集中比分散好。

明确聚焦现场后,仍然不宜四面出击,需要寻找提纲挈领的方法,那就是夯实基础和突破瓶颈。推进现场管理就像打一场攻坚战,需要拔据点、布防线。拔据点就是找出制约现场管理的瓶颈,集中优势兵力,重点突破;布防线就是夯实现场管理的薄弱环节,防止管理漏洞减弱管理效能。瓶颈突破和基础夯实有机结合,可以实现以点带面、点面结合,稳步提升现场管理水平。

还有一个问题:谁来做?依靠原有现场人员肯定不行,必须从职能部门抽调人员充实现场。如何充实现场?这是一个关键。在我们为东风小康提供咨询服务之初,就遇到了这个现实问题。当时东风小康工厂在湖北十堰,共有员工800余人,技术人员37人,每个车间里只有一两名技术人员。怎么办?逼得没办法了,我只能直接跟主管此事的常务副总说:你是要专业,还是要现场?最后他答应我将一半的技术人员派驻车间,由车间统一调度。结果,我们历时三个月,将产能从40余辆/天猛增到了120余辆/天,质量也同步得到大幅提升,创造了当时业界半年新产品产销10 000辆的奇迹,成为东风小康创业史上的一个转折点。

（二）建立分层现场审核机制

精益现场建设一个很重要的方面是，如何驱动各级管理者和工程师深入现场。

很多管理者喜欢听报告，陷入文山会海，依靠二手资讯了解现场，这种做法十分要不得。与其看报告，不如去现场，只有现场才能给你真切、直观的感受。

另一方面，体现管理者重视现场并不是看你说了什么，关键是看你做了什么。员工也非常聪明，如果管理者只是开会强调，但从不去现场，那员工肯定不会当真。会议上强调十次，都不如现场检查一次。

分层现场审核是一种机制，就是让公司的总经理、厂长、车间主任、工段长、工程师、班组长等各层管理与技术人员按照一定的频次定期深入现场，按照审计清单检查现场的安全、质量、效率、成本人员等状况，掌握第一手资料，提高现场管理的关注度和服务水平。

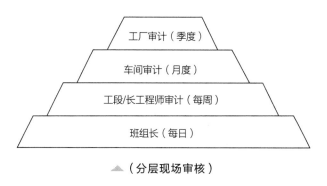

▲（分层现场审核）

（三）建立现场五大目标管理体系

成熟的现场管理，就是打造自主基层，建立安全、质量、效率、成本、人员五大目标的管理体系，让基层组织对五大目标全面负责。

首先,建立自主班组。建立班组培训学习、工作评价、激励机制,引导员工参与,提升班组的管理能力。其中要特别注重基层管理者的培养,基层管理者属于兵头将尾,是员工队伍的领头人和现场管理的执行人。

其次,面向安全、质量、效率、成本、人员等五大目标。要让基层管理者认识到,良好的管理不是简单地完成生产任务,而是要用五大目标衡量工作成效。要在实践的基础上,逐步充实和完善五大目标的工具和方法,并总结提炼出成文的方法指南来指导实践。

二、精益工厂

工厂是一个系统。当现场管理达到一定水平的时候,就会发现生产组织、人力资源、质量管理、工程技术、采购物流等支持部门能力不足。工厂如果不能加强管理系统建设,精益经营就会面临成长上限,最终就会破坏现场管理的成果。

精益经营工厂建设就是将现场和支持部门作为一个整体,以制造质量、流畅制造、全员参与、标准化、信息化、持续改进这六项原则为指导,不断改善组织与流程,建立工厂管理系统。

(一)一个绩效,三支团队

有竞争力的企业必须是一个绩效驱动的企业,在建设管理系统的同时必须建设绩效体系。

绩效是由企业各级组织和个人的共同努力实现的。因此,建设绩效的同时需要建设自主团队、专业团队、领导团队三支团队。

绩效与团队建设是建设管理系统重要机制。离开绩效与团队,流畅制造、制造质量、全员参与、标准化、持续改进这六项精益经营的原则就很难成为公司各个业务部门共同行动的准则。

（二）全面推进六项原则

在现场层面，精益经营强调的是五大目标。五大目标的特点是直指现场方法应用，与工作联系紧密，吹糠见米，每位员工非常容易理解。但是，到了工厂层面，仍然讲五大目标，就显得过于简单了，因为面对的已经不是具体的方法应用问题，而是业务流程的问题。因此需要将管理提升到原则层面来讲。

1. 从目标到原则

从目标到原则就是建立指导实现目标的准则、策略、机制等，这是领导员工的基本素养。如何理解目标与原则的关系呢？我举一个日常工作中的例子：当上级与下级就工作方法发生争执，上级不能说服下级时，总是领导先跳出来，说："你实在要坚持你的方法，我也不勉强你，但原则有一条，必须如何如何……"

精益经营管理有功能与结构两个方面，管理原则就是从结构的角度阐述精益经营。对于工厂领导，为了更好地应用功能，就必须深入掌握结构，也就是六项原则构成要素。

2. 建立六项原则业务矩阵

六项原则是一个有机整体，深入到生产、技术、质量、人力资源、信息技术等各个业务部门。如何将六项原则与各业务职能相结合，推进精益经营工厂建设呢？方法是建立业务矩阵，以原则及要素为行，业务部门为列，根据部门职责，按照组织策划、执行、参与等角色，建立矩阵表、分类推进实施。

序号	要素	科目	生产	物流	采购	技术	质量	人力	IT
		全员参与							
1	核心理念与价值观	理念实施	□	□	□	□	□	○	□
		组织宣贯	□	□	□	□	□	○	□
2	业务计划执行	业务思路	□	□	□	□	□	○	□
		PDCA循环	□	□	□	□	□	○	□
		绩效管理	□	□	□	□	□	○	□
3	安全第一	安全组织运营	○	□	□	□	□	□	□
		安全自主管理	○	□	□	□	□	□	□
		工程安全管理	□	□	△	○	□	△	□
		交通安全管理	□	○	□	□	□	△	□
4	合格员工	员工招聘	△	△	△	○负责组织策划 □负责执行 △参与执行			
		员工培养	□	□	□				
		员工激励	□	□	□				
		员工发展	△	△	△				

▲（业务矩阵）

三、精益价值链

工厂只是企业的一个组成部分，精益工厂只是营造一个小气候，应该将这个小气候拓展到营销、研发、采购、人力资源等整个企业价值链环节上，才能形成企业精益经营的大气候。

打造精益经营价值链的关键是建立企业核心业务流程。企业核心价值链涉及面广，而且相对专业，难以全面系统阐述。下面，基于我关于汽车行业的实践，简单介绍一下几个制造企业普遍关注的核心业务流程。

（一）产销业务流程

产销业务流程是一种以客户和市场为导向，实现企业内部生产和销售的统一的、有计划的、有组织的系列活动。

产销流程覆盖从销售、生产组织、采购、车间作业及成品发运全部过程，包括生产计划与生产保障两方面。其中，生产计划包括订单计划、主生产计划、订购计划、作业计划、接收发运等；生产保障包括生产控制、缓冲策略、物料保障等。其关系如下图所示：

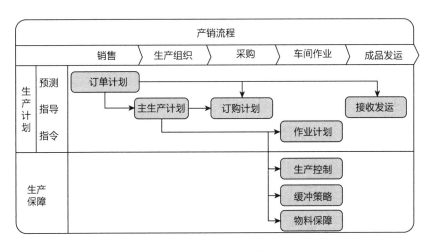

▲（产销流程图）

下面就产销流程的几个重点进行解说。

1. 常用的三种计划模式

产销流程的目的是平衡市场需求和制造资源之间的矛盾，以实现制造资源高效利用和快速响应客户需求。因此，企业通常会根据不同的需求特点，采用订单式、拉动式、推动式三种不同的计划模式。

模式	定义	优点	缺点
订单式	按照客户订单组织生产	面向客户生产、零库存	需要较高的生产能力冗余 客户必须等待较长时间 容忍需求不足时产能闲置
拉动式	根据库存消耗拉动生产	快速响应客户 库存较低 品种切换较快	需要足够的生产柔性
推动式	根据市场预测组织生产	即时满足客户 生产控制简单 无须生产柔性	需要较高的预测准确性 需要足够庞大的库存 难以适应市场变化 产品切换浪费严重

2. 从宏观到微观的三层计划体系

从市场需求到车间生产涉及大量的组织协调和资源配置，常常需要经历预测、指导、指令三层计划的分解与转化。

订单计划是一个比较宏观的预测计划，常常是以年、月为周期，根据市场分析和预测制订订单计划。预测计划的目的是确定一个未来市场的总量预期，以便于企业产能规划和供应链生产准备。

主生产计划是一个比较具体的指导计划，常常以周为周期，是结合制造资源对订单计划的分解。主生产计划的目的是均衡订单，以便于在有效保障客户需求交付的前提下，最大化发挥制造资源的效率。

作业计划是一个非常明确详细的指令计划，常常以一天为周期，是对主生产计划的细化。作业计划指令通常直接下达到具体的生产线和作业单元，目的在于确保指令得到有效完成。

3. 计划执行的闭环控制

没有完美的计划，只有有效的执行，影响计划执行的不可控因素有很多。在计划执行实践中，以下两点是非常重要的：

其一，有效的沟通与快速响应机制。首先，各个计划制订过程都需要相关部门的参与和沟通共识，如订单计划平衡会、主生产计划协调会等；然后是生产过程的例行沟通，如日生产沟通会、周生产回顾会等，以利于随时根据变化做出快速响应和调整。

其二，高水平的问题管控。在计划执行中，出现问题并不可怕，可怕的是涌现了大量问题后却不能有效管控。很多公司生产混乱，并不完全是计划制订得多么不好，而是疏于对问题的管控。问题长期积累下来，大家丧失了信心，互相推诿，最后就成了顽症。问题管控的关键有两点：①分层分类管理，部门各施其责，层层管控、层层升级；②组织专门力量管理问题并解决重点、难点问题。

（二）生产启动流程

生产启动流程是从项目启动到正常生产过程的新产品与工程项目管理程序。其目标是在确保项目质量和产能要求，以及加速期间生产损耗最少化。

下面以汽车为例介绍一下生产启动流程。汽车生产启动流程总体分为生产制造验证、系统供应和生产加速三个阶段。

生产制造验证是指对产品及制造工程进行符合性验证的过程，确保各项参数满足设计要求，其目的是验证工程的有效性和产品的可卖性。对于生产制造验证通常设计有质量阀门，必须满足阀门开启条件才可进入系统供应阶段。

生产制造验证后即开始系统供应，供应商及协作商开始按正式生产计划供货。系统供应阶段的目的是识别与更正系统中存在的问题，在此期间生产的产品将实行发运控制，每辆制造的汽车在被送到客户手里之前都要接受所有质量特性的严格评审，满足销售阀门的质量标准方能发运客户。一般而言，对零部件供应商也会要求实行类似的发运控制。

系统供应中设计有一个量产阀门，当系统问题降低到量产阀门标准以下时，即可开启量产阀门，进入生产加速阶段，直到生产节拍达到设计要求。

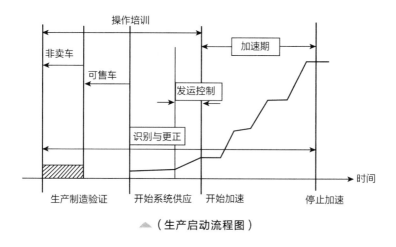

（生产启动流程图）

1. 以现场为中心的项目管理策略

我在上汽通用五菱工作期间，曾经历过通用汽车进入前后的生产启动项目管理的变革，印象极为深刻。

通用汽车进入之前，生产启动是这样的：首先高层开会，确定一个产品上市时间；然后召集公司各部门开会，要求按照公司确定的上市时间制订各部门的推进计划；之后各部门回去也召集会议，传达公司会议精神，要求各科室根据要求制订计划。这种计划制订的严谨性和协调性是比较差的，往往快到临近时间了，公司领导看着进度急了，才再次召集会议，下达死命令，谁拖进度谁下课，然后各部门一阵忙乱之后勉勉强强地将车辆下线，但是遗留问题一大堆，生产加速过程非常痛苦，达到量产往往要费比原计划多一倍的时间。

通用汽车进入之后，我们便开始了新的生产启动流程：首先组建公司跨部门的多功能项目组，制订生产启动计划；然后将计划提交公司评审，确认后由项目组组织实施。

实施过程要确定若干阀门，当一个流程的项目工作完成后，按照标准组织现场确认，满足前一个阀门标准后随机开启下一个阀门，如果达不到阀门开启要求，则组织专题小组进行纠正。这个方法确保每一项工作都在现场得以实施和验证，不再需要在会议室中听报告来决定是否往下走。

这个方法刚开始并不快，而且还被认为有点笨，但是进度很扎实，计划执行偏差很小。项目进度、质量都比前一种明显提高。

2. 确保质量的阀门机制

生产启动过程的有效管控，其中一个非常重要的窍门就是建立一系列的质量阀门，比如销售阀门、量产阀门。

每个阀门设计相应的检查清单和评价标准，确保项目质量满足本阶段的交付要求。有了阀门机制后，各部门的工作任务及标准都能够具体到每个工位、每项岗位职能，让各级员工的工作内容都变得非常清晰，工作成果也变得容易判断。

（三）采购十二步法流程

采购十二步法将供应商从进入到退出过程分解为标准的12个步骤进行管理。十二步法以正式生产为界，分为供应商开发和供应商发展两个时期。如下图所示。

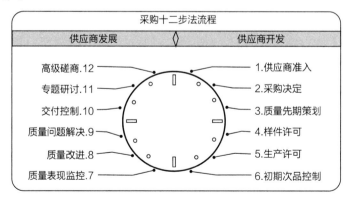

▲（采购十二步法流程图）

以下简要介绍采购十二步:

第一步 供应商准入:按照公司采购策略选择潜在供应商并进行现场评审。

第二步 采购决定:对入围的供应商发出采购竞标邀请,根据公司竞标流程选择供应商并签署采购协议。

第三步 质量先期策划:支持和指导供应商实施质量先期策划(APQP)。

第四步 样件许可:召开供应商会议,启动工装样件设计制作。

第五步 生产许可:启动生产件审批程序,验证供应商的生产过程具有能力来生产满足顾客要求的产品。

第六步 初期次品控制:供方开始供货,并要求和指导供应商验证过程并实施发运控制,以便在供应商现场能及时发现和纠正问题。

第七步 质量表现监控:按照供货要求进行质量监控,并定期向供应商发布质量表现监控报告。

第八步 质量改进:指导供应商开展质量改进活动,以更好地满足客户要求和降低成本。

第九步 质量问题解决:针对供货质量问题,向供应商发出问题解决通知书,并要求临时纠正和解决问题。

第十步 交付控制:对质量问题解决不达标的供应商,要求供应商在发运前进行100%检验,确保供货质量。

第十一步 专题研讨:如果交付控制仍然不能有效控制质量问题,将与供应商高层召开专题会议,共同商议对策,并派驻第三方质量审核人员,进一步遏制质量问题。

第十二步 高级磋商:如果专题研讨措施仍然不能有效控制质量问题,则需与供应商磋商解除合作关系,使供应商退出供方体系。

下面介绍采购十二步法建设的几个重点：

1. 建立开放供应商开发策略

企业在发展过程，会不断出现技术创新、商业模式变革，导致企业生态环境的改变，为适应这样的改变，供应商队伍必须保持开放，具有一定的新陈代谢能力。

开放是采购业务的活力源泉，没有开放，采购管理将变得非常困难。在经济全球化、信息网络化的今天，供应商体系开发的环境越来越优越，关键在于如何建立一个良好的供应商开发策略。

首先，开放的目的是供应商体系的长期健康发展，而不是零和博弈，否则方向就错了。

其次，必须有一个规范的开放流程，这个流程应尽量减少人为因素的影响，坚持流程优先于效率的原则。

第三，开放就是竞争，应该对内对外两种开放并举。也就是说，不仅要让新供应商与老供应商竞争，而且让老供应商之间也保持竞争。

在开放的供应商开发方面，通用汽车公司是一个不错的例子，通用汽车在中国投资的企业，无论是设备采购，还是零部件采购，基本没有对美国本土企业的优先策略，如上海通用汽车建厂，基于竞争力选择韩国、日本的工程设备。但同期的神龙富康建厂，却大量采用法国的工程设备，而价格明显高于国际市场。事实证明，通用在这方面赢得了更好的发展。

2. 定期的供应商反馈与评审

定期将供应商在质量、物流，以及服务等方面表现信息反馈给供应商，是采购业务的一项非常重要的工作。最好能够做到每周一份简报，每月一份综评。

在定期反馈的基础上，再开展定期的评估活动，并将评估作为供应商绩效表现的重要依据，评估活动周期通常为半年到一年。

供应商绩效表现评价可分为质量、服务、技术、价格四个方面。

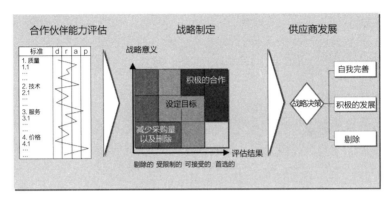

▲（供应商能力评估系统框图）

3. 长期共赢的供应商培育机制

企业的长期发展离不开一批长期共赢的供应商伙伴，因此需要建立一种培养供应商的机制。

首先，建立供应商 ABC 分类机制，将供应商分为战略伙伴供应商、潜在伙伴供应商，以及一般供应商等三类。战略伙伴供应商是有意愿和能力支持企业战略发展的供应商，潜在战略伙伴供应商是可以通过培育和选拔成为企业战略发展的供应商，一般客户是与企业长期发展的要求有一定的距离，需要找配有督导的供应商。

其次，针对不同的供应商设计不同的培育机制，给供应商一个发展通道。如定期培训和现场指导，以及供应商之间的学习、交流、协作、分享等。

第三，开展专项培育。基于特定目的和个别需求，开展针对性的培育。如有必要，可采取一企一策的措施。

现代产业是一个高度横向一体化企业群，企业群内企业之间的相互依存关系。一个有抱负的主机厂，有责任和义务带领供应商共同成长。

（四）精益人力资源流程

精益人力资源流程是以文化与战略为导向，贯彻从员工入职到退出全过程的管理。通常包含以下几个重要方面：

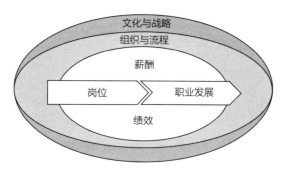

▲（人力资源流程图）

文化与战略及公司文化与战略体系，它是公司共同价值与经营准则。

组织与流程包含组织体系与核心流程，是公司管理的骨架。

岗位包含指岗位职责与能力要求，并指导人员招聘与选拔流程。

绩效包含公司员工绩效表现的标准、评价，以及考核过程。

薪酬是基于公平与竞争力的员工报酬机制。

职业发展是对员工职业能力培养和职业岗位发展的机制。

1. 建立遵循文化战略的人力资源流程

顾名思义，人力资源是管人的，人是有思想的。没有文化与战略的人力资源就像没有方向的帆船。

比如，有的企业提出"质量是命"，但是一旦需要产量的时候就不要命了，这只能是一句响亮的口号，喊多了就没意思了。

如何将文化战略融入人力资源流程呢？比如说诚信正直，怎么贯彻呢？你需要在人员招聘流程中设计员工职业履历调查一项，并将诚信正直作为录用的前提条件；在员工晋级中，设计诚信正直评审与公示一项，接受制度监督。

很多企业的文化战略没有根基，甚至可以说是两张皮，很大程度在于没有做好这项工作。

因此，企业要长期引得来人、用得好人、育得了人、留得住人，必须建立支持文化战略的、一贯的人力资源流程，树立公司文化战略影响力，切忌东一榔头、西一锤子、头痛医头、脚痛医脚。

2. 扎根基层的人力资源管理

"要想走得快，就一个人走；要想走得远，就一起走。"一个企业要走得远，就应该将人力资源的主要精力放在多数人，扎根基层、走群众路线。原因有三点：

其一，基层是增值的地方。公司的每一个为客户创造直接价值的活动，都源自基层。基层不行，企业肯定不行。

其二，宰相必起于州部，猛将必发于卒伍。绝大多数的公司精英必须依靠基层培养，基层人才培养才是继承事业的力量源泉。

其三，基层是最富活力的地方。基层蕴藏了大量年轻有为的员工，他们富有理想、敢于挑战、勇于创新。

（五）企业信息化流程

企业信息化流程是一个贯彻研发、制造、营销全流程，通达计划、执行、控制三个层级的信息体系。

计划层以资源计划为核心，面向公司经营，侧重数据集成与决策的宏观管理，重点关注资金流和业务流。

执行层以业务执行为核心，面向业务运作，侧重数据分析与功能应用，重点关注产品流、作业流和物流。

控制层以现场控制为核心，面向作业控制，侧重数据采集与信息控制，重点关注网络化、数字化和智能化。

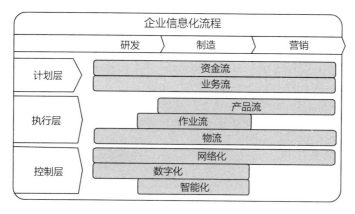

（信息化流程图）

1. 分层分类的信息结构

有些理想主义者常常有这样的想法：如果利用信息系统获取企业经营活动中每一个具体信息，那么企业信息系统就可以做到无缝连接，全面集成。

实际应用中，信息世界与物理世界类似，有微观、中观、宏观不同层面。理论上讲，宏观信息由中观信息累积，中观信息由微观信息累积，但是分析宏观信息通常不必从采集微观信息开始。

信息流程的建设，通常是首先进行信息规划，分出哪些是计划层信息、哪些是执行层信息、哪些是控制层信息；然后由不同层级、分不同业务板块进行建设；最后进行横向、纵向数据链接，实现公司数据的集成与共享。

2. 自主集中的辩证统一

企业信息化是一个动态发展过程，既要有自主，又要有集中，自主利于结合实际、激发创新活力；集中利于信息共享，更好地发挥数据价值。

比较好的做法是，将公司信息化按照平台+应用的模式进行构建。公司总部承担数据平台的角色，进行系统和数据规划，运营和管理核心数据，维护数据安全、挖掘数据价值。业务部门承担信息应用的角色，结合业务实际，建设应用系统，一方面满足业务管理需要，另一方面支持平台数据采集。

自主与集中是相对的，并没有明确的边界，在实践中应该多参考行业经验，允许一定程度的尝试。如信息系统选型，是自主开发、合作开发还是购买产品，常常要综合考虑各方面的因素。根据国内企业信息化调查，三种方式基本上是平分秋色，自主开发占27%，合作开发占38%，购买产品占35%。自主开发比较利于结合实际，自主灵活；合作开发有利于兼顾专业经验和企业实际；购买产品则比较利于引入成熟的系统，各有优劣，不能简单地选择单一的方式。

（六）业务流程变革

前面简单介绍了一下制造企业的核心流程，主要是从业务流程的构成要素角度讲的，只是告诉了大家这些核心流程是什么，而并没有告诉大家如何实践。

传统的业务流程，通常是面向功能的，也就是说，流程以职能为中心进行设计。比如，生产流程就是以生产组织部门为中心进行设计，质量流程就是以质量部门为中心进行设计，采购流程就是以采购部门为中心进行设计。如果这样设计，业务流程的结果就是看不到客户且效率低下。

变革业务流程，就是将业务流程从功能导向变成客户导向，从而打破职能壁垒，快速响应客户。

变革业务流程，人们首先想到的就是组织与流程，这是远远不够的。变革业务流程必须充分考虑人、流程、方法（技术）的相互关系，在充分把握业务特点、组织能力、公司文化等的基础上，进行系统设计并实施领导。

1. 基于企业实际的最优设计

变革业务流程，必然涉及公司组织关系调整和资源重新配置，因此必须实事求是，切忌理想主义。

我们在重庆小康集团提供咨询服务期间，曾直接面临这样一次业务流程变革的挑战。当时，小康集团正在从摩托车产业向汽车产业进行战略拓展，迫切需要进行组织与流程的变革。他们聘请了国内一家人力资源咨询机构帮助设计，但执行过程中发生了一些问题：有的阳奉阴违，有的弄虚作假，甚至高层领导直接反对，最后不得不搁浅。

后来他们找到我们，希望能解决问题。我们调阅了之前做的方案，从专业的角度看，方案很全面，没有什么大的问题。后来我们对各业务部门进行摸底并逐个与高层沟通，才发现问题出在方案与实际的结合上。其中有两个典型例子：一是组织职能的分配，基本按照业务逻辑和管理幅度进行设计，而事实上公司的管理者能力差别很大，有的高管的确没有能力管理一个较大的组织。在组织设计时，我们不能因人设岗，但是也不能不考虑能力差异。二是流程设计过于烦琐，从专业的角度是更清晰了，但是也更机械了，原来可以自由裁量的事情必须照章办事了，设计超出了企业现有能力的边界。

经过反复研究探讨，我们与管理层重新商量了一个业务流程变革原则：

首先，重新设定和分解业务流程变革目标。不搞全面解决方案，而是区分重要度和紧急度，统筹规划，分步推进，优先解决几个关系到公司战略发展的业务流程。

然后，将业务流程问题分为方法、流程、体系三个层面，优先解决方法问题，其次解决流程问题，最后解决体系问题。我们当时有一个形象的比喻就是制作项链，第一步打磨珠子，第二步串珠子，第三步装盒子。

第三，刚性与柔性并举。对运行有效的流程强调刚性，以提高流程的效率和质量，对新建立或运行尚不成熟的流程强调柔性，发挥人的积极作用。

经此调整后的方案，执行过程比较顺利，取得了良好的效果⊖。

2. 贯彻组织与人的业务流程变革

与其他项目实施一样，业务流程变革同样需要包含业务管理、机制建设、能力培养三条主线：业务管理就是组织职能与业务流程的变革管理，确保业务流程满足未来发展需求；机制建设就是建立业务绩效机制和流程监控机制，确保业务流程执行力；能力培养就是宣传引导、培训指导员工适应新的业务流程，让员工适应未来的发展。

在业务流程变革中，组织职能与业务流程的改变是最直观的改变，但也是最表层的改变，设计它并不难，难的是背后的机制和能力，虽然看不见、摸不着，但它决定了业务流程变革是否具有可行性和有效性，因为组织职能与业务流程要靠人来执行。

机制设计应该充分考虑各方的意愿和态度，尽量发挥人性的积极面，弱化人性的消极面。2003年，通用汽车入股上汽五菱公司后，启动了新一轮人事改革。面对一个存在多年的老国企，有些制度的改变是非常棘手的，其中就有制定新的离退休政策并优化人员结构这一项，而通用汽车做得非常漂亮。人力资源部门在充分调查这些人群的思想动态和个人意愿后，使公司清楚地了解了员工需要什么，公司需要什么。在制定政策时，在短期利益上不再纠结，充分照顾到员工的核心诉求，因此很多员工自愿选择退休，整个

⊖ 业务流程变革的实践常常是一件非常令人讶异的事情，好看的不一定好用，好用的不一定好看：我们曾经对上汽通用五菱1997—2005年期间的组织机构及核心业务流程进行了分析。如果以外人的视角看，设计简直乱到没法看，但是从内部的视角看，又强烈感觉非这样不可。实践也证明变革是成功的。

政策的实施过程非常平稳。

很多大的业务流程变革，光靠机制还不行，还需要能力跟得上。一定要考虑组织与个人的能力结构，并做出有计划的安排。

3. 价值流、信息流、业务流三位一体

现代企业的业务流程变革通常包含价值流、信息流、业务流三个相互联系的方面。

首先需要把握价值流，即我们为客户创造价值的过程如何？这是业务流程的基础。很多大企业病常常是这样产生的：公司越大，分工越细，流程也越复杂，渐渐地，很多部门和人员与客户的距离越来越远，忘记了流程为何存在，于是大家只关注流程，却无人对最终价值负责。一旦出现这样的情形，解决起来的困难就非常巨大。

其次是充分利用信息技术服务业务流程。业务流程常常是伴随一个个信息处理推动运行的，信息技术应用已经深入了企业经营活动的各个环节，我们再也不能脱离信息技术讨论业务流程了。

4. 组织监管与业务流程的合理匹配

业务流程有两个方面的功能：其一是协调公司各部门共同行动，更好地持续为客户创造价值；其二是确保公司各部门按照公司要求履行职责。因此，在业务流程中，有必要设计相应的组织监管机制。

首先，合理设计组织结构，实现职能部门与业务部门的有效匹配。下面我举一个在北汽银翔提供咨询服务期间碰到的案例。当时，北汽银翔快速成长，不到两年，从一千多名员工的公司发展成拥有上万名员工的公司。由于发展很快，职能部门没有及时成长起来，导致职能部门难以为业务部门提供相应的支持。于是，业务部门有事就找公司领导解决，不仅搞得领导层疲惫不堪，而且业务部门之间矛盾越来越突出、沟通越来越困难。这

个问题根源就在于职能的缺失！因为业务部门在领导层面前是有竞争性的，领导层的地位决定了不可能消除这种矛盾，必须靠职能部门的政策加以协调。

其次，在业务流程的 PDCA 循环中，重点建立 P、C 的监管机制。对 P 的监管主要是抓好业务计划的可控性，确保业务计划符合经营目标；对 C 的监管主要是抓好关键点的督导检查，以识别问题并及时解决。

建立必要的沟通机制。文山会海式的沟通当然不好，但是缺乏沟通一定会出问题。要结合业务流程的特点，设计个人、团队、组织三个层次的沟通机制，避免造成组织的沟通障碍。

5. 职能刚性与业务柔性的辩证统一

业务流程一旦明确了，组织机构及其职能也就确定下来了，并且在一定时期内将保持稳定不变。但是，公司的业务却是动态变化的，其中必然存在职能未曾明确的业务，要如何处理呢？

在业务流程建设中，必须考虑职能刚性和业务柔性两个方面：一方面明确基本的组织职能，确保责任到位；另一方面要保持一定的业务柔性，让组织灵活处理职责没有明确的业务。如何在业务流程中做到呢？原则上可以对职能刚性采用条条的方式，逐项明确说明；对业务柔性采用框框的方式定义边界，定出指导原则，给予自由裁量的空间。

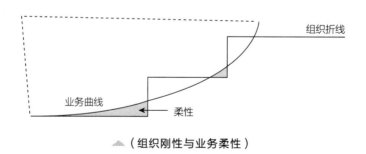

▲（组织刚性与业务柔性）

四、精益模式

精益模式是在精益经营理论指导企业的具体实践中，形成的一套可在企业内部传播、复制的理念、原则和方法。

建立精益模式，是企业管理成熟的标志，也是企业扩张和发展不可或缺的武器。跨国公司顺利地进行大规模的全球扩张，除了具有充足的资本和先进的技术以外，凭借的就是其管理模式。

企业在精益经营实践取得比较稳固的阶段性成果后，就有必要总结提炼自己的模式了。

（一）精益模式的三大体系

精益模式，概括起来看，主要有理论体系、育人体系，以及运管体系等。

理论体系是企业精益经营实践的成果，代表企业最佳实践，是指导企业内部各级组织精益经营实践的武器；育人体系是持续培养企业精益经营实践的人才，形成企业共同思想和行为的支柱；运管体系是维持企业精益模式有效运行并持续改进的保障。

1. 建设精益理论体系

如何总结实践成果，将其提炼成具有一定普遍意义、可以指导企业实践的理论体系，是一门学问。需要注意以下几个方面的问题：

其一，如何做到源于实践，高于实践呢？即理论体系必须经过实践考验，同时符合精益经营的基本原理，具有理论高度。

其二，正确处理个别和一般的关系。实践是具体的，具有特殊性；理论是抽象的，具有普遍性。需要将普遍理论和具体实践有机结合起来。

其三，如何搭建一个既有继承性又有创新性的理论体系框架，让系统既有相对稳定，又能开放包容呢？

▲（精益模式系统框图）

为了有效解决以上问题，在东风小康理论体系建设实践中，我们将理论体系建议分为理念系统、核心流程、实践方法三个部分。理念系统主要承载企业精益经营理念、文化战略等内容，重点解决方向引领的高度问题，宜粗不宜细。核心流程聚焦公司核心业务的运营流程，用业务流程将企业的关键业务活动串联起来，指导组织实践。实践方法可将实践中形成的典型案例总结成一个个具体的操作方法，指导具体应用。后续应用的结果表明，这样效果很好。

▲（东风小康精益管理大纲）

理论体系建设是一个持续的过程，不能毕其功于一役，在建设的过程中形成一个良好的建设机制意义重大。

首先，建立组织运行机制。建立一个公司高层统一领导的理论体系建设机构，指导工作开展，确保高屋建瓴、组织有序。

其次，理论创新机制。采用专家组织与群众运动相结合的办法，一方面选拔一批企业领域的专家，定期开展主题研讨；一方面定期组织理论成果分享活动，吸纳理论创新成果。

最后，知识交流机制。通过走出去、请进来等方式，更多地了解同行实践应用、专家学者研究成果等，保持理论体系中知识的开放性。

2. 建立精益育人体系

建设一个全面的人才培育体系，应该考虑哪些方面呢？

首先是明确培育哪些方面，知识、能力，以及素养等几个方面应该全覆盖。

其次是如何解决意愿问题，即如何让员工有积极性、有动力学习。

再次是以什么方式培育，是理论学习、操作训练，还是现场实习。

最后是用什么方法培育，课堂授课、轮岗、技能比武……

综合以上问题，人才培育体系重点需要抓好以下三件大事：

（1）激发员工的职业发展双通道　员工是否愿意接受培育是人才培育体系成败的关键，这就需要将人才培育和职业发展联系起来，让员工看到接受培育是一件有利可图的事情。

传统的职业发展通常按照职务序列设计，这样就带来一个问题：职务有限，而且与接受培育的程度没有明确的联系，无法激发员工学习的积极性。

因此，有必要开发一条按照职称序列设计的职业发展新通道，引导员工关注知识学习与经验积累。

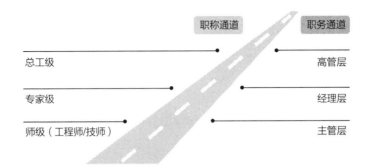

▲（职业发展双通道）

（2）真实情境的实训道场　对于工业企业来说，大量能力需要现场应用和技能训练，这些能力培养需要有必要的场景。因此，企业有必要结合现场需要，建立理论与实践一体化的实训道场。

实训道场根据功能定位，可以分为作业实训、流程实训、职业实训等三种类别。

作业实训面向岗位，是一个点，可以围绕"人机料法环测"六个要素设计，如：标准化操作（人）、设备自主保全（机）、物料拉动系统（料）、初物管理（法）、安全与5S（环），以及质量边界样本（测）。

流程实训面向业务流程，将工作连成线，如产品装配流程、客户接待流程等。

职业实训面向职业能力，重点训练团队协作、问题解决、工作改善等应用能力。

▲（融合精益化、信息化的先进制造实训工厂）

（3）灵活多样的培育方法　企业人才培育针对的是成年人，具有功利性，具有几个鲜明特点：

首先，学习目标明确，人才培育就是为了解决某些问题或者使之胜任某项工作；其次，学习内容与岗位角色和职责紧密相关；最后，学习过程充分结合实际工作，从而灵活理解知识，而非死记硬背。

因此，人才培育方法应该根据岗位和知识特点，采用灵活多样的培育方法，而不是简单的组织培训。

除培训以外，常用的培育方法还有读书活动、轮岗、导师带徒、技能比武、学习竞赛……可以根据实际需要进行组织。

3．打造精益运管体系

打造精益运管体系就是确保公司各级组织按照 PDCA 原则有效运行精益经营模式。运管体系的关键是抓好业务计划执行（P）和管理审计（C）。

业务计划执行是企业运营计划体系，其目的是建立从公司高层到基层的业务计划分解与传导体系，让公司的战略目标和经营计划有效落实到各级组织的日常运营中。

管理审计是企业运营监督体系，其目的是检查公司各级组织运营是否健康有效。管理审计通常按照公司、工厂、部门、车间等不同层级，建立管理审计标准，定期实行分层审计，以评估各级组织的运营绩效，并提供业务指导和成果激励。

（二）精益模式建设思路

建设精益模式是一项极具挑战性的工程。拥有成功管理模式的品牌企业并不多，很多企业费了很大劲儿仍然不成体系，或者有名无实。

根据我们的实践经验，建设思路在推进中的作用非常关键。我们曾经为奇瑞提供生产方式（CPS）咨询，在开始服务前，奇瑞致力于 CPS 建设已经有几年了，也逐步形成了一个比较完整的体系框架和文件体系，但是落实得并不理想。调查发现，各个工厂的差异性很大，文件体系简单套用也出现很多问题；同时，职能部门和工厂都按照自己的理解推进CPS，冲突比较大。当时一个争议非常大的问题就是：工厂在推行CPS时关注的是安全、质量、效率、成本、人员这五大目标，而公司职能部门推行CPS时强调的是流畅制造、制造质量、全员参与、标准化、信息化、持续改进这六项原则。这两者是什么关系？

这个问题提得很尖锐，五大目标和六项原则都是精益经营理论体系的重要内容，如何回答清楚呢？刚开始我们也没有找到好办法，只是大而化之地说一个是目标层面的问题，一个是原则层面的问题，但并不能解决如何操作的问题（其实在别的企业咨询服务中也有过这方面的困惑，但没有奇瑞这么明显）。

慢慢地，我们开始明白，他们混淆了这两者的范畴，六项原则解决的是管理系统的问题，五大目标解决的是管理方法的问题，系统与方法并不是一回事。就像盖房子要搬砖，砌个小隔间，要不了几块砖，可以直接用手搬；大一点，用箩筐挑；要建高楼，就得用塔吊。搬砖是盖房子的方法，双手、箩筐、塔吊是搬砖的方式。建设精益经营模式就像盖房子，五大目标是精益经营模式的方法，六项原则是精益经营的方式；六项原则是支持五大目标，并通过五大目标建设精益经营模式。

搞清楚两者的实践范畴之后，就是如何正确处理二者的关系。于是我们提出了"公司管总、部门主建、工厂主战"的建设思路。

▲（精益模式建设组织方式）

工厂主战概括起来就是将六项原则转化为工厂执行五大目标，赢得绩效。其关键是结合工厂业务特点，按照六项原则提炼关键方法，支持五大目标建设。

▲（工厂主战思路）

部门主建概括起来，就是以六项原则为指导，结合部门职责，梳理核心业务流程，遵循三条主线思路推动实施。首先，主持建设六项原则及要素知识体系，形成理论大纲、培训教案、实施要求等一整套文件体系。然后，梳理企业核心业务流程，融入六项原则及要素，形成指导业务活动的指南，规范各业务部门的管理行为。最后，按照业务、机制、能力三条主线思路，制订六项原则建设方案，全面负责推进实施。

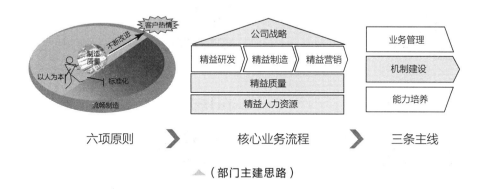

▲（部门主建思路）

公司管总概括起来，就是建立管理中枢机构，协调工厂、部门统一行动，关键是扮演好规划者、指导者、监督者三个角色。

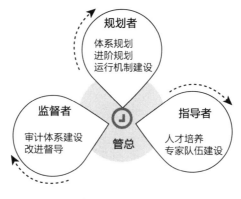

▲ （公司管总策略）

基于这样的建设思路，公司将六项原则及核心流程建设分配到职能部门，将五大目标的执行与绩效分解至各工厂，从而明确了各自角色定位和业务职责。从此，六项原则建设成为职能部门要做的事情，它的绩效取决于其对五大目标的影响和作用，并不是职能部门将六项原则作为指挥工厂的工具。

LCA500000000000000485
互联网+分层现场审核

LCA500000000000000498
生产计划与控制

LCA500000000000000499
生产启动流程（汽车）

LCA500000000000000482
采购十二步法

第五节　长袖善舞尽在项目组织与运作

> 精益经营没有完美的方案，只有有效的执行。成功的精益经营企业实践需要一个好的领导班子，需要精心筹划和有效执行。
>
> 精益经营没有捷径，需要智慧、耐心与汗水。

精益经营的实践，除了需要正确的理论和全员的参与，还要有高效的项目组织与运作。

在精益项目启动之前，需要从公司经营管理全局的高度出发，精心构建精益经营项目的组织结构及其运作方式，让精益经营项目组织在实践中长袖善舞、游刃有余。

一、项目组织

好的项目组织是成功的一半。

精益经营项目组是精益经营推进的策源地，背负着精益经营的组织策划、实施指导、跟踪评估，以及总结提高等职责。企业必须建立一个统领全局、精明强干、保障有力的精益经营项目组织，以便让精益经营项目组织在推进中起到举足轻重的枢纽作用。

（一）建立一个变革型的项目团队

通常的项目是通过管理达成目标，而精益经营项目则是通过管理改变管理本身，它的运作本身就是一场管理变革。

作为一个变革型的项目团队，需要正确处理好变革推动者、变革代理人，以及变革操作者的角色定位。

首先，作为一场管理变革，必须让企业的最终决策者担当变革推动者。

然后，选择一位能够全面执行变革推动者意志，富有变革热情和决心的变革代理人。

最后，根据变革的需要，从公司选拔优秀人才组建变革运作团队。

（变革团队角色设计）

变革推动者的职责是给变革定调，并为变革排除障碍；变革代理人的职责则是组织、控制、指挥项目开展，提高项目执行力，确保项目被强有力地推行；而变革操作者则是为变革代理人提供决策方案和并协助变革代理人有效运作项目。

通常，变革代理人主持精益经营，随着项目推进，变革力量将会越来越壮大，而壮大的变革力量将扩大变革范围。变革范围扩大可以培养更多的变革成员，使变革队伍壮大，从而促进变革力量的进一步强大；但是，变革范围扩大同时也会增加变革难度和变革阻力。变革难度和变革阻力都会直接制约变革力量的壮大。只有变革推动者应用行政权威削减变革阻力，并与变革代理人保持良好互动，才能维护变革力量和改善变革的方法，使之逐步壮大，最终燃起变革的熊熊烈火。

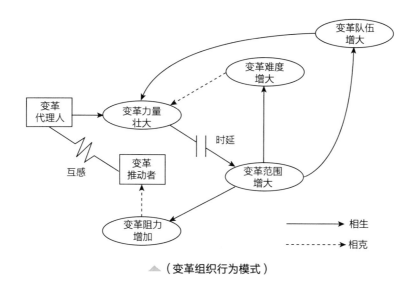

▲（变革组织行为模式）

从以上的分析可以看出，变革推动者与变革代理人的持续有效互动是项目成功的关键。任何一方的缺失都会直接导致变革的失败，以下是在项目变革推动经常容易出现的问题，应得到变革者的重视。

其一，有些变革推动者觉得启用代理人不容易领会他的意图，于是亲自披挂上阵。这会出现什么情况呢？变革推动者不仅要削减变革阻力，还要培育变革力量。更重要的是推动者掌握绝对行政权力，变革的矛盾和错误不能通过变革代理机制暴露出来，最终因变革推动者的成长上限而使变革失去自我完善和成长的空间。

其二，有些变革推动者在项目推进一段时间后，觉得变革代理人工作开展得很出色，于是就放手了。这同样会导致变革的最终失败。因为变革难度和变革阻力很容易击垮脆弱的变革力量，没有变革推动者的持续支持，变革代理人往往独木难撑。当然，变革代理人可以凭借过人的能力应对这些挑战。如果是这样，变革代理人可就成了变革推动者了，可能也就不自在了。

（二）建立一个具有广泛代表性的项目团队

精益经营项目推进是面向全公司的管理变革。项目团队应该面向全公司选拔人才，让项目团队集成不同专业、不同个性的人才，从而使项目团队成为一个能够拥有公司业务知识的组织。

项目团队具有广泛的代表性，也便于项目团队保持与各业务部门的紧密联系，较好地做出合理的规划并协调执行。

（三）让项目团队成为培育人才的大学

项目团队应该是一个开放的组织，它不仅是精益经营推进的中枢机构，而且是培育人才的基地。

应该让项目团队成员在实践中学习，培育熟知精益经营理论和实践经验丰富的专家，然后分配到业务部门负责更具挑战性的工作，同时吸引新鲜血液充实到项目团队。这样循环往复，项目团队才能凝聚人、发展人，并有力地领导精益经营的持续推进。

二、项目运作

运作精益经营项目就像驾驶一艘远洋货轮，货轮能否乘风破浪、平安前进，取决于负责驾驶的船员是否有足够的能力与智慧。

项目运作良好，才能运筹帷幄，决胜千里。

（一）照顾好目标与团队

管理可以理解为管事理人。做事靠目标，做成一件事，就是牢牢抓住目标，围绕目标想办法；理人靠团队，建立充满活力的业务团队，互相学习、互相支持。

管理的挑战在于：目标与团队的有机协调。借用太极图的阴阳变化，目标与团队的协调可以概括为以下四种情形：

阴盛阳衰（强调做事）
阴阳颠倒（做事讲团队，处人讲目标）
阳盛阴衰（强调处人）
阴阳调和（做事讲目标，处人讲团队）

▲（目标与团队辩证关系）

第一种情形：强调做事，为了做事不顾原则，不讲情面。可能最终目标实现了，但破坏了团队。

第二种情形：一方面，做事讲团队——遇事推给大家，依赖团队，生怕自己吃亏，没有目标、没有责任；另一方面，处人讲目标——一切以个人为中心，拉帮结派、工于心计。这是最糟糕的，这样的团队最终将一事无成，作鸟兽散。

第三种情形：注重处人，凡事一团和气、笑脸相迎、可能团队气氛很融洽，但不能高效地做事。

第四种情形：做事讲目标，处人讲团队。大家目标清晰、积极参与、分工协作，这是最具战斗力的团队管理。

前面三种情形，都是推进精益经营应该尽量避免的。只有严格按照第四种情形的要求实践，才能士气高昂、执行有力。

如何有效协调目标和团队的关系呢？

从管理的角度看，团队管理侧重于团队成员角色、沟通与协调等的管理，体现员工参与的过程；目标管理侧重于聚焦组织行为达成组织目标的管理，体现集中领导的过程。项目组必须自始至终注重并照顾好员工参与和集中领导的平衡，让大家协调一致、共同行动。

（二）关注全面绩效

精益经营就是要让企业更好地实现绩效。此处所说的绩效必须是全面的绩效——有长期的绩效，也有短期的绩效；有可衡量的绩效，也有不可衡量的绩效。

项目组必须明白，精益经营不仅要获得具体业绩，还要获得组织成长；精益经营在改变今天的同时，还要投资于明天。因此，项目组必须将具体业绩和组织成长有机结合起来，使之成为相辅相成的整体，使精益经营在企业中生根发芽、持续深入。

在精益经营推进过程中，公司对绩效表现的观察应该立足于以下三个方面：

第一，在现场可以直接看到的变化，如现场更整洁有序，信息直观明了等。

第二，员工精神面貌的变化。员工通过实践精益经营，产生了对精益经营的认同，获得了成就感，如员工积极性提高，员工对精益经营持欢迎态度等。

第三，统计数据变化。如制造周期缩短了，单位缺陷数降低了，等等。

这些变化都应该被我们看到，这样才能正确地认识精益经营，坚定信心。否则，我们很可能忽略掉一些重要的变化，从而误判精益经营思路和方法的正确性和有效性⊖，进而极有可能陷入迷失和混乱。

⊖ 我们在观察精益生产的实践中，发现很多人只关心指标变化，结果造成严重的短视和浮躁。特别是在精益生产的初期，基础工作非常薄弱，团队培养、标准化作业、5S与目视管理等工作并不能在短期内带来直接的指标变化，因此很容易忽视这些工作的持续开展，甚至直接怀疑或否定这些工作的价值。

（三）点面结合，以点带面

精益经营建设项目是一个由点及面的变革过程。在整个项目推进过程中，必须牢牢把握点与面的关系，才能收到以点带面、四两拨千斤的效果。

精益经营建设应该将项目分为主导、指导、支持三类。主导性项目就是由项目组亲自主持攻关的项目，指导性项目就是由项目组指导业务部门立项，由业务部门组织实施的项目；支持性项目就是由各级组织结合自身特点，自主策划实施，由项目组提供资源支持的项目。

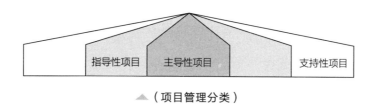

▲（项目管理分类）

主导性项目是点，应该是对精益经营推进具有示范效应或长效机制的项目，宜于集中力量办大事。就像改革开放的深圳特区建设，重在示范，以突出高度。

指导性项目是线，将各业务部门工作连成一条线，以取得协同推进的整体成效。就像改革开放中沿海经济开发区、长江经济带建设，重在引导，以构造特色优势。

支持性项目是面，重点是建立合适的激励机制、营造良好的环境，以调动各级组织的积极性和创造性。就像全国遍地开花的工业园区，重在成势，以形成百花齐放的局面。

（四）扶上马，送一程

精益经营的路要靠各业务部门自己走，最终目标是实现各业务部门完全掌握精益经营，自主运行。项目组的作用是帮助各业务部门学会如何上路。就像为远征的亲人送行，项目组需要虔诚地将他们"扶上马，送一程"。

"扶上马"就是帮助业务部门形成精益经营的实践能力。对于业务部门而言，组织实施的能力通常不是问题，比较欠缺的是策划方案的能力。

项目组应该在项目实践中，指导业务部门掌握从广度、高度到深度的系统解决方案策划能力。广度就是全面充分地调研以明确需求；高度就是提炼概括需求，形成引领实施的目标；深度就是以目标为导向，结合实际，具体细致地拟定方法。这个系统策划过程是精益经营的重要方法，它有别于一般的针对需求直接制订措施的方案制订过程（直接从广度跨到深度）。

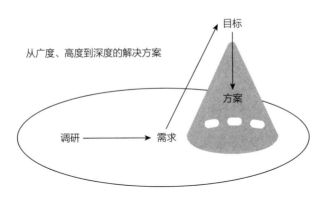

▲（系统解决方案流程图）

"送一程"就是帮助业务部门建立精益经营的自主运行体系。精益经营对各业务部门而言是一场挑战自身的变革，常常有一定的惰性。面对风险和挑战，非常容易躲进舒适区，结果变成木疙瘩，踢一脚滚一下。因此，项目组有必要在业务部门精益经营建设过程中，帮助建立运行体系，巩固建设成果。

三、用耐心与毅力磨砺精益经营之剑

精益经营往往是十年磨一剑。丰田公司从20世纪50年代初就开始精益生产的探索,到60年代中期初具行业竞争力,期间经历了十多年的艰苦磨砺。美国通用、福特等汽车公司在经受日本汽车公司的剧烈冲击后,于80年代后期开始精益生产实践,直到现在还在苦苦追寻之中……

冰冻三尺,非一日之寒。从现场管理到管理系统,到价值链拓展,再到精益经营模式,至少需要3~5年的变革时间,企业需要有足够的耐心和毅力面对变革过程。

在信息化、智能化的今天,一切都在快速的变化。用3~5年的时间实践一场变革,似乎显得不合时宜,但精益经营是一场需要用企业生命历程作为参照的变革,它就像人生,无论贫富贵贱,从童年到少年,从少年到成年,都必须经历相同的成长的年轮。如果将变革像人生一样融入企业的生命历程,3~5年的精益经营变革就像是企业的一次大学经历。而这种大学经历就像登泰山一样,每登至一处,就是一个新的高度,一种新的境界。在攀登中,企业的精益生产实践会愈加精彩。

让我们引用一位哲学大师的话作为结尾:"只要找到路,就不怕路远。"

LCA500000000000000493
精益项目管理

附录

附录 A
面向五大目标的现场评估标准（示例）

一			关键绩效指标考核		
序号	类别	指标项	考核单位	说明	分值
1	安全	安全事故扣分	安保部门	根据公司标准执行	15
2	质量	一次下线合格率	质量部门	根据质量部统计计算	15
3		质量溢出扣分	质量部门	根据质量部统计计算	10
4	效率	周计划品种满足率	计划保障部门	根据工厂标准考核	20
5	成本	改善节约成本	财务部门	根据工厂标准考核	20
6	人员	人均培训课时	人力资源部门	根据公司标准执行	10
7		人均改善建议	人力资源部门	根据公司标准执行	10
二			精益方法应用评估		
序号	类别	项目	评估方式	评估方法	分值
1	安全	危险危害辨识	资料分析	重点考察危险危害活动开展及改善成效（现场验证）	4
2		危险危害物品管理	现场评估	对照危险危害物品清单抽样检查典型现场（化学品、易燃易爆品、有毒物品）	3
3		危险区域管理	现场评估	对照危险区域清单抽样检查现场（2~3个点）	3
4		安全制度执行	案例分析	抽查公司安全制度（如高空作业、动火作业、机电维修）执行得是否规范	4

(续)

二			精益方法应用评估		
序号	类别	项目	评估方式	评估方法	分值
5	质量	员工标准化作业	现场评估	抽查工位（生产、检验）作业是否符合作业要求	4
6	质量	班组长3×3×3	资料分析	抽查班组（2~3个）3×3×3执行与问题跟踪	3
7	质量	初物管理	现场评估	抽查初物管理项目（如首检、新员工、新工艺等）受控状态	3
8	质量	关键工序控制	案例分析	根据质量控制计划抽样检查（产品、工艺各选1~2项）过程参数控制情况	3
9	质量	工艺纪律审核	现场评估	对照工艺纪律检查标准抽样检查工艺状态（如模具是否异常磨损、定位装置是否松动等）	3
10	质量	问题交流报告	案例分析	抽查问题交流报告的计划、执行，控制是否规范	4
11	质量	作业计划执行	资料分析	考察最近一周作业计划派工、异常控制，以及进行目视管理	4
12	效率	节拍平衡	现场评估	考察2~3个节拍内各岗位工作平衡情况	4
13	效率	缓冲区域管理	现场评估	考察缓冲区域产品数量、定置及存放时间	3
14	效率	仓储管理	现场评估	抽查（物料、备件）仓储的现场管理，以及溢出、呆滞管理	3
15	效率	自主保全	现场评估	抽样检查自主保全项目状态（如润滑、紧固、整洁）	3
16	效率	专项检修	资料分析	抽样检查近期专项检修项目执行过程及现场表现	2
17	效率	应急维修	资料分析	抽查应急维修档案，评估维修方法与流程	2
18	效率	5S管理	现场评估	点（深入一个工位）面（了解公共区域）结合检查5S执行	3

(续)

二				精益方法应用评估	
序号	类别	项目	评估方式	评估方法	分值
19	效率	目视管理	现场评估	考察目视管理是否简洁直观,是否有效反映问题和激励员工	3
20	成本	自主改善活动	现场评估	抽样2~3个现场自主改善项目	3
21		专题改进活动	案例分析	重点考察一个典型车间组织的专题改进项目实施过程及成效	4
22		一般物料控制	资料分析	重点检查劳保用品、辅料等的领用流程及消耗情况	3
23		成本统计分析	资料分析	检查最近一月成本统计数据,考察费用消耗结构	3
24		降本工程	案例分析	根据一定周期的成本统计,检查前三位问题降本措施及成效	3
25	人员	车间业务计划执行	资料分析	听取车间业务计划汇报,考察业务计划PDCA流程及差距关闭情况	5
26		主题改善建议活动	资料分析	检查车间月度改善主题策划及改善建议活动开展情况	3
27		员工培训	资料分析	检查车间月度培训及岗位柔性计划及执行情况	3
28		员工绩效管理	资料分析	考察绩效积分奖励运行过程及员工激励效果	4
29		班组建设	资料分析	考察班组日常活动(工作清单、班会)、班组园地管理等	4
30		车间分层审计	资料分析	检查车间分层审计记录、会议研讨,以及问题改进情况	4

附录 B
面向六项原则的工厂评估标准（示例）

序号	要素	科目	评估方式	评估方法
一	全员参与			
1	核心理念与价值观	理念实施	业务访谈	重点考察如何运用公司核心理念指导工厂经营计划
		组织宣贯	现场评估	重点考察公司核心理念的现场宣贯是否有效
2	业务计划执行	业务思路	业务访谈	重点考察目标、指标与方法之间的紧密联系
		PDCA 循环	资料分析	重点考察计划的回顾与问题管理
		绩效管理	业务访谈	重点考察绩效表现监控与绩效考核
3	安全第一	安全组织运营	资料分析	重点考察是否有规范统一的公司安全组织与响应流程
		安全自主管理	现场评估	重点考察是否建立比较常态的现场安全风险等级控制
		工程安全管理	案例分析	重点考察安全管理是否融入工程项目
		交通安全管理	现场评估	重点考察工厂整体交通安全规划及日常管理
4	合格员工	员工招聘	案例分析	了解员工招聘流程是否公司人力资源政策
		员工培养	资料分析	了解公司培训体系执行情况(全员培训、分层培训、专业培训)
		员工激励	现场评估	了解基层员工行为评价机制
		员工发展	资料分析	了解员工的职业发展通道

(续)

序号	要素	科目	评估方式	评估方法
一			全员参与	
5	团队建设	自主团队	资料分析	重点考察班组管理幅度及角色职责（如：班组长工作清单）
		专业团队	案例分析	重点考察项目组的运作
		领导团队	业务访谈	重点考察领导决策的共识过程
6	有效沟通	沟通环境	现场评估	重点考察办公场所是否便于自由沟通
		纵向沟通	业务访谈	重点考察高层与基层如何互动(高层巡查)
		横向沟通	案例分析	重点考察重要例会管理
二			流畅制造	
7	简洁流动	精益布局	现场评估	工厂布局是否利于工艺、物流和快速响应
		单件流	现场评估	重点考察工序之间是否尽可能地采用单件流
		先进先出	现场评估	重点考察物料流动是否遵循了先进先出原则
8	拉动系统	生产拉动	业务访谈	重点考察各车间是否按照需求拉动生产作业
		物料拉动	业务访谈	重点考察物料拉动系统的应用情况
9	小批量包装	标准包装	资料分析	重点考察包装的统一规划和设计
		人机工程	现场评估	重点考察包装是否满足人机工程
10	均衡生产	产销流程	资料分析	重点考察产销过程的游戏规则
		订单计划	业务访谈	重点考察订单均衡管理
		主生产计划	资料分析	重点考察订单满足情况
		固定周期订购	资料分析	重点考察生产件采购计划
		供货计划	现场评估	重点考察窗口接收计划
		生产控制	现场评估	重点考察生产缓冲区和计划变更管理

(续)

序号	要素	科目	评估方式	评估方法
二			流畅制造	
11	全员生产性维修	自主保全	现场评估	重点考察员工点检的现场执行
		专业保全	资料分析	重点考察预维修计划
		应急维修	案例分析	重点考察应急维修处理过程
		备件管理	现场评估	重点考察备件生命周期管理
12	包装工程	单一零件规划	案例分析	重点考察单一零件规划清单
		小件包装	现场评估	重点考察包装是否利于质量和快速响应
		包装人机工程	现场评估	重点考察包装是否利于安全与健康，以及环保
		包装周转	现场评估	重点考察包装清洁、保管，以及维护
13	临时物料存储	仓储管理	现场评估	重点考察仓储现场是否有序
		溢出与紧缺管理	资料分析	重点考察溢出与紧缺预警及控制管理
		呆滞管理	资料分析	重点考察呆滞预警及控制管理
		小批生产物料管理	资料分析	考察样件、小批生产所用物料的管理
14	发运控制	发运计划	资料分析	重点考察发运计划及控制
		外部运输	业务访谈	重点考察运输线路及保障措施
		异常处理	资料分析	重点考察外部运应应急预案及异常处理
15	供应链管理	供应商开发	案例分析	重点考察新产品供应商（2~3家典型）选拔过程
		供应商发展	资料分析	重点考察供应商发展计划与管理机制
		供应链问题解决	案例分析	重点考察与供应链企业问题沟通程序及问题清单管理
		供应商评估	资料分析	QSTP[①]评估标准及供应商绩效管理
三			制造质量	
16	质量系统管理	质量组织与资源分配	业务访谈	重点考察质量组织与资源分配是否满足ISO 9000要求
		质量改进流程	资料分析	重点考察质量改进流程及有效性（如年度质量改进计划）

(续)

序号	要素	科目	评估方式	评估方法
三			制造质量	
17	产品质量标准	质量控制计划	资料分析	重点考察过程质量控制项目及控制方法
		质量检验标准	现场评估	重点考察确认站检验操作标准
		现场检验方法	现场评估	重点考察边界样本、质量判定图表等在现场的应用
18	工业工程实践	设计面向制造	案例分析	重点考察设计过程是否融入以往制造经验教训
		精益制造工程	案例分析	重点考察工程设计的可管理性、可维护性，人机工程以及物流
		工业工程方法	现场评估	重点考察 IE 七大手法的在现场的应用
19	制造系统验证	工位准备	现场评估	重点考察新产品上线工位准备（人机料法环）执行情况
		FMEA	案例分析	重点考察过程 FMEA 的应用
		防错设计	案例分析	重点考察关键质量特性的防错
20	过程控制	过程控制方法	现场评估	重点考察工序控制的方法应用
		变化点管理	现场评估	重点考察变化点管理的程序和控制方法
		问题遏制	资料分析	重点考察遏制程序和问题关闭
21	信息响应	供应商质量信息沟通	资料分析	重点考察供应商质量监测报告
		内部质量信息沟通	资料分析	重点考察质量例会、制造质量监测报告
		问题管理	资料分析	重点考察问题交流报告是否遵循了 PPS 的六个步骤
四			标准化	
22	工作场所有序安排	办公场所	现场评估	5S 与目视的应用
		生产场所	现场评估	重点考察"三定"
		物流场所	现场评估	重点考察物料存放与物流路线
		维修场所	现场评估	重点考察工具与备件布置

(续)

序号	要素	科目	评估方式	评估方法
四			标准化	
23	节拍工时管理	停线管理	资料分析	重点停线记录及重大问题清单管理
		工作平衡	案例分析	重点考察工作平衡的质量
		节拍变更	资料分析	重点考察是否有工厂统一的节拍变更程序，并有效执行
24	标准化作业	标准化作业编制	资料分析	重点考察标准化作业是否覆盖生产操作、质量检验、物流运输、维修作业
		标准化作业编制	资料分析	重点考察 SOP[②] 的动作与时间分析是否科学
		标准化作业培训	现场评估	重点考察员工是否按照标准化作业规定执行
		标准化作业改进	资料分析	重点考察是否有平衡墙并开展定期的改进活动
25	车间现场管理	暗灯与现场响应	案例分析	了解是否按照暗灯原理发现问题，并驱动管理人员现场响应和决策
		分层审核	案例分析	了解工厂分层审计制度与分层审计阶段性改进方案
		目视管理	现场评估	重点考察现场目视信息是否便于理解（一看便知）
五			信息化	
26	信息融合技术	信息技术融入产品	案例分析	考察新产品设计中如何融入信息技术促进产品创新
		信息技术融入工程	案例分析	考察工程设计与改进中如何融入信息技术提高质量、效率，以及降低成本
		信息技术融入物流	现场评估	现场考察现场物流的信息技术应用
27	信息融入管理	制造执行系统应用	现场评估	考察制造执行系统功能及现场应用成效
		互联网+精益方法	现场评估	现场了解员工如何通过手机应用精益方法

（续）

序号	要素	科目	评估方式	评估方法
五			信息化	
28	智能制造	智能装备应用	现场评估	现场了解工业机器人的应用普及
		柔性化	案例分析	考察利用智能改造提高制造柔性的案例
		少人化	案例分析	考察利用智能改进减少一般劳动的案例
		绿色化	现场评估	考察利用智能技术达到绿色、节能的案例
六			持续改进	
29	实际问题解决	一页纸报告	资料分析	考察一页纸报告及问题解决六个步骤的应用
		问题清单管理	资料分析	考察问题清单分级分类管理机制运行情况
30	全员改善	改善建议	资料分析	重点考察合理化建议流程及改进效果
		自主改善活动	现场评估	重点考察工段定期改善活动
		专题改善	案例分析	考察针对较大问题和瓶颈组织的专题改善管理机制及成效
		项目管理	案例分析	考察工厂重大立项的质量、进度、成本管理情况

① 建立供应商运行评价体系时，一般采用 QSTP 加权标准，即供货质量（Quality）、供货服务（Service）、技术考核（Technology）和价格（Price）。

② 即标准作业程序，Standard Operation Procedure。